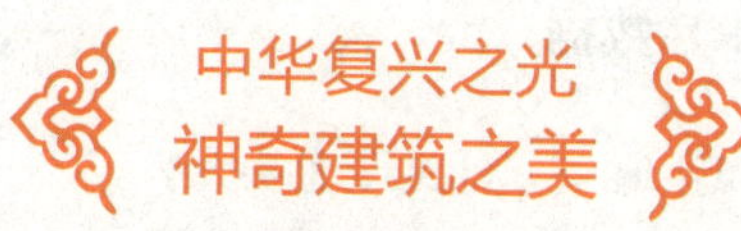

王府千载胜景

胡元斌 主编

汕頭大學出版社

图书在版编目（CIP）数据

王府千载胜景 / 胡元斌主编. -- 汕头 : 汕头大学出版社，2016.3（2023.8重印）

（神奇建筑之美）

ISBN 978-7-5658-2450-0

Ⅰ. ①王… Ⅱ. ①胡… Ⅲ. ①古建筑－介绍－中国 Ⅳ. ①K928.71

中国版本图书馆CIP数据核字(2016)第044169号

王府千载胜景　WANGFU QIANZAI SHENGJING

主　　编：胡元斌
责任编辑：宋倩倩
责任技编：黄东生
封面设计：大华文苑
出版发行：汕头大学出版社
　　　　　广东省汕头市大学路243号汕头大学校园内　邮政编码：515063
电　　话：0754-82904613
印　　刷：三河市嵩川印刷有限公司
开　　本：690mm×960mm　1/16
印　　张：8
字　　数：98千字
版　　次：2016年3月第1版
印　　次：2023年8月第4次印刷
定　　价：39.80元

ISBN 978-7-5658-2450-0

前言

党的十八大报告指出："把生态文明建设放在突出地位，融入经济建设、政治建设、文化建设、社会建设各方面和全过程，努力建设美丽中国，实现中华民族永续发展。"

可见，美丽中国，是环境之美、时代之美、生活之美、社会之美、百姓之美的总和。生态文明与美丽中国紧密相连，建设美丽中国，其核心就是要按照生态文明要求，通过生态、经济、政治、文化以及社会建设，实现生态良好、经济繁荣、政治和谐以及人民幸福。

悠久的中华文明历史，从来就蕴含着深刻的发展智慧，其中一个重要特征就是强调人与自然的和谐统一，就是把我们人类看作自然世界的和谐组成部分。在新的时期，我们提出尊重自然、顺应自然、保护自然，这是对中华文明的大力弘扬，我们要用勤劳智慧的双手建设美丽中国，实现我们民族永续发展的中国梦想。

因此，美丽中国不仅表现在江山如此多娇方面，更表现在丰富的大美文化内涵方面。中华大地孕育了中华文化，中华文化是中华大地之魂，二者完美地结合，铸就了真正的美丽中国。中华文化源远流长，滚滚黄河、滔滔长江，是最直接的源头。这两大文化浪涛经过千百年冲刷洗礼和不断交流、融合以及沉淀，最终形成了求同存异、兼收并蓄的最辉煌最灿烂的中华文明。

五千年来，薪火相传，一脉相承，伟大的中华文化是世界上唯一绵延不绝而从没中断的古老文化，并始终充满了生机与活力，其根本的原因在于具有强大的包容性和广博性，并充分展现了顽强的生命力和神奇的文化奇观。中华文化的力量，已经深深熔铸到我们的生命力、创造力和凝聚力中，是我们民族的基因。中华民族的精神，也已深深植根于绵延数千年的优秀文化传统之中，是我们的根和魂。

中国文化博大精深，是中华各族人民五千年来创造、传承下来的物质文明和精神文明的总和，其内容包罗万象，浩若星汉，具有很强文化纵深，蕴含丰富宝藏。传承和弘扬优秀民族文化传统，保护民族文化遗产，建设更加优秀的新的中华文化，这是建设美丽中国的根本。

总之，要建设美丽的中国，实现中华文化伟大复兴，首先要站在传统文化前沿，薪火相传，一脉相承，宏扬和发展五千年来优秀的、光明的、先进的、科学的、文明的和自豪的文化，融合古今中外一切文化精华，构建具有中国特色的现代民族文化，向世界和未来展示中华民族的文化力量、文化价值与文化风采，让美丽中国更加辉煌出彩。

为此，在有关部门和专家指导下，我们收集整理了大量古今资料和最新研究成果，特别编撰了本套大型丛书。主要包括万里锦绣河山、悠久文明历史、独特地域风采、深厚建筑古蕴、名胜古迹奇观、珍贵物宝天华、博大精深汉语、千秋辉煌美术、绝美歌舞戏剧、淳朴民风习俗等，充分显示了美丽中国的中华民族厚重文化底蕴和强大民族凝聚力，具有极强系统性、广博性和规模性。

本套丛书唯美展现，美不胜收，语言通俗，图文并茂，形象直观，古风古雅，具有很强可读性、欣赏性和知识性，能够让广大读者全面感受到美丽中国丰富内涵的方方面面，能够增强民族自尊心和文化自豪感，并能很好继承和弘扬中华文化，创造未来中国特色的先进民族文化，引领中华民族走向伟大复兴，实现建设美丽中国的伟大梦想。

目录

礼亲王府

睿亲王府

豫亲王府

礼亲王府

礼亲王府坐落于北京西城区西皇城根街西北，也就是大酱坊胡同东口路北，是清太祖努尔哈赤第二子、清初开国八大铁帽子王之一代善的府邸。此处府邸并非最初的礼亲王代善之府，而是代善之孙杰书袭封后择址新建的王府。

该府规模宏伟，地域宽广，建筑布局与其他王府相同，是皇宫建筑的缩影。中路为主体建筑，东路为住宅，西路为花园。内有亭台轩廊、山石池沼等园林建筑。

清代第一王族礼亲王族

礼亲王家族的创始人爱新觉罗·代善，生于1583年，与兄长爱新觉罗·褚英，都是清太祖努尔哈赤的第一位大福晋佟佳氏所生，十四五岁时就被封为贝勒。

1607年，东海女真瓦尔喀部斐优城的首领策穆特赫来到了赫图阿拉，也就是后来的辽宁新宾县内，拜谒努尔哈赤说："吾地与汗相距路遥，故顺乌拉国主布占泰贝勒，彼甚苦虐吾辈，望往接吾等眷属，以便来归。"

此时的努尔哈赤正在壮大

自身并着手统一女真，于是派他的三弟舒尔哈齐、长子褚英、次子代善与大臣费英东、扈尔汉、扬古利等，领兵3000人，往斐优城，迎接策穆特赫部众归附。

舒尔哈齐一行到达斐优城后，接收四周屯寨约500户。三位贝勒令费英东、扈尔汉带兵300人护送先行。不料此时的乌拉部贝勒布占泰得到消息，借助这机会想一举消灭努尔哈赤手下的这几个得力干将，所以命令将领博克多贝勒领兵1万余人，潜伏在图们江右岸的乌碣崖一带，突然冲出，拦路截杀建州部众人。

扈尔汉一面让护送的500户斐优城女真在山上安营扎寨，遣兵100卫守，自己率兵200与敌军列营相持，一面派人将乌拉拦截之事回报三位贝勒。

第二天，三位贝勒领军赶到。面对大军突袭的严重威胁，褚英、代善对着全体官兵策马愤怒说：

吾父素善征讨，今虽在家，吾二人领兵到此，尔众毋得愁惧。布占泰曾被我国擒捉，铁锁系颈，免死而主其国，年时未久，布占泰犹然是身，其性命从吾手中释出，岂天释之耶？尔勿以此兵为多，天助我国之威，吾父英名夙著，此战必胜。

这番话，言语虽然不多，却大长了自己的志气，灭了敌人威风，对鼓舞士气有很大作用。当时建州军队只有3000人，乌拉军士兵多达万余，而且是早有准备，以逸待劳，双方实力对比相当悬殊，建州士兵能否冲破敌军包围安全返家，已是一大难题，要想打败对方，更是谈何容易。

褚英和代善的话无疑起了很大鼓舞作用，建州兵勇们齐声叫喊

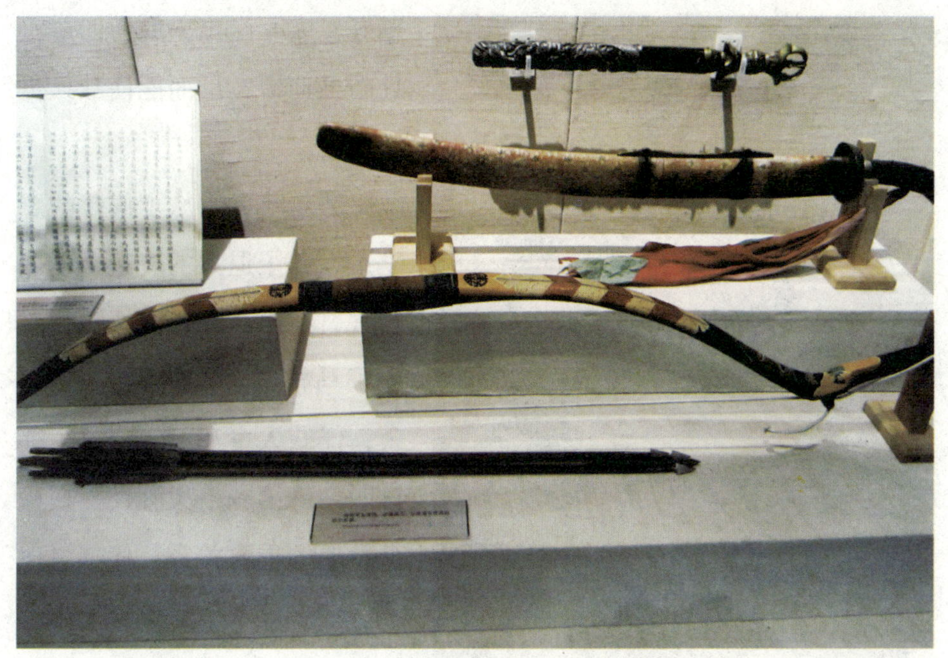

说："吾等愿效死力"，"遂奋勇渡河"。

代善与兄长褚英乘机领军"登山而战，直冲入营"，大破乌拉兵。回师以后，努尔哈赤因代善"奋勇克敌"，斩杀了敌军统领，遂赐予代善"古英巴图鲁"美号。

"古英"是满文音译，意为"刀把顶上镶钉的帽子铁"，"巴图鲁"为英勇的意思，是勇士的美称，整体意思是，代善既英勇，又硬如钢铁，更是勇士之最。这个尊号，在整个清代，为代善所独有，可见努尔哈赤对代善的英勇给予了高度的评价。

1613年，代善跟从努尔哈赤灭掉了乌拉，之后建立了后金，代善于1616年被封为和硕贝勒。

1618年，努尔哈赤率军攻伐明朝，行军两天遇到了大雨，天气状况恶劣，努尔哈赤于是考虑撤军。

代善说："我军已经进入了明边境，现在返回，难道要与其重修

旧好？大军已出，如何回避？且雨又何害？反而能使敌人更加松懈。”

努尔哈赤听从了代善的意见，撤销了退兵的决定，下令前进，在第二天轻取抚顺，攻克了马根单、东州等城堡500余，俘获人畜30万，获得了征讨明朝的第一个大胜仗。在后金发展的重要关头，代善再建了奇勋。

1619年，代善在遵化围困了明朝将领刘之纶驻扎在山上的军队，攻破其7营。刘之纶逃入山中，代善追击，将其射杀了。

1621年，代善随着努尔哈赤过兴安岭，攻归化城。1623年，征伐明朝，出榆林口，至宣府边外，从喀喇鄂博分兵两处，攻克得胜堡。

1626年，太祖驾崩，代善与其子岳托、萨哈，与诸子立皇太极为汗，对清初政权的稳定过渡起了重要作用。而后，代善又大力支持皇太极的中央集权体制，主动放弃与皇帝同座分理政事的权力。

由于代善建立了不可磨灭的战功，以及他对皇太极的大力支持，1636年，代善被赐封为和硕礼亲王。

皇太极去世以后，代善与诸王一起拥立清世祖福临继位，代善又召集诸王、贝勒和大臣商议，以郑亲王济尔哈朗、睿亲王多尔衮共同辅政，以调和矛盾，兼顾对立双方的利益，平息了爱新觉罗家族内部的皇权之争。

之后不久，礼亲王家族发生了一件惨事，代善的儿子硕托、孙子阿达礼因被告发“密谋立多尔衮为帝”，代善大义灭亲，将一儿一孙双双处死。

清朝统治者入关后，1645年初，多尔衮摄政，代善又年事已高，遂在家闲居。这一年，礼亲王代善接受当朝皇帝赐予前明崇祯皇帝的外戚周奎旧宅后，将其改扩建为自己的府邸，始为礼亲王府。

1648年，代善病逝于北京，享年66岁，皇帝赐予祭葬，并立碑记功。1649年，代善第七子满达海承袭礼亲王爵，两年后改封为巽亲

王，于是礼亲王府改称为巽亲王府。同年，代善第八子祜塞之第三子杰书承袭父亲的康郡王爵位，于是杰书与伯父满达海分居在同一座礼亲王府，故巽亲王府和康郡王府并存。

在1671年，代善被康熙帝追谥为“烈”。代善倾尽自己的力量辅佐了清朝三代帝王，他效力于努尔哈赤帐下时军功卓著，后支持其弟皇太极继位并巩固政权，晚年支持世祖福临为帝，并不惜诛灭自己儿孙两代骨肉以挫败篡位的阴谋。他多次在历史关键时刻稳住了大局，维护了清王朝的统治。因此，在所有清朝亲王中，代善被列为首位。

礼亲王家族在清初的地位可谓显赫至极，代善共有8个儿子，其中有爵位者7人：岳托、硕托、萨哈璘、瓦克达、玛占、满达海、祜塞。祜塞初封为镇国公，后追封为惠顺亲王，之后世代儿孙都承袭其爵位。

礼亲王家族共传13代，14位后裔承袭爵位，其中两个被削爵，分别用过礼、巽、康3种封号，仅“八大铁帽子王”中，礼亲王家族就占有三席，分别是礼亲王代善、代善长子克勤郡王岳托、代善之孙顺承郡王勒克德浑，祖孙三代均是世袭，从没有替换过。

另外，礼亲王家族还有两人被封为郡王，一人封为贝子，一人封为辅国公。

在代善之后，家族一直兴旺，贯穿于整个清朝始终，在后来世袭的亲王中，人才济济，武士与学者辈出。礼亲王家族堪称“清朝第一王族”，其他家族简直遥不可及。

知识点滴

睿亲王多尔衮辅佐顺治皇帝执政时，因矛盾重重，叔侄关系转化为政敌的关系。而代善第七子满达海生前曾多次谄媚多尔衮，为此，满达海被年轻的顺治皇帝降为贝勒，其世袭亲王爵位也被剥夺。

这一爵位收回后，按制应转归代善其他直系后裔继承，因此爵位就幸运地落到了代善的孙子杰书头上。这样，16岁的杰书晋封为和硕康亲王，登上了贵族爵位的最高台阶。

京城规模最大的礼亲王府

1652年，已经承袭巽亲王爵位的满达海长子常阿岱因罪被降为贝勒，从而由康郡王杰书承袭巽亲王爵位，并改封为康亲王。这时，康亲王杰书在巽亲王府的东面扩建康亲王府，这就是新的礼亲王府。

杰书在兴建礼亲王府时，由于得到当朝康熙皇帝谕旨天下资助的

垂爱不仅王府建造得规模宏伟、气势不凡，就连王府内的诸多珠宝陈设也大都由官员多贡献，所以礼亲王府的豪华都是其他王府所不能比的。

而巽亲王府由于常阿岱被降为贝勒、其子星尼降袭为贝子、其孙星海降袭为镇国公乃至后来因罪被革除爵位等原因，致使巽亲王府最后荒废颓败。

康郡王杰书是代善的孙子，也是清朝名将，在康熙朝曾任奉命大将军，曾经率兵征讨三藩之乱，在征讨驻福建的靖南王耿精忠和防范厄鲁特蒙古准噶尔部首领噶尔丹的战役中屡建战功。

杰书在顺治年间就已经晋升为亲王了，而他真正成名却是在康熙年间。驻云南的平西王吴三桂和耿精忠叛乱后，康熙皇帝急需在亲族中找一位智勇双全的亲王领兵作战。

安亲王岳乐，不仅威望高，而且身经百战，是首选之人。但面对从云南和福建两路杀来的叛军，仅岳乐一人恐怕不能兼顾，这样，康亲王杰书就脱颖而出，被封为奉命大将军，率师讨伐耿精忠。

杰书率军抵达浙江金华时，浙江温州、处州已经失守，耿精忠的大将率5万大军强攻金华。战争一经打响，康亲王的军事才能便显露了出来。清军在他的指挥下屡战屡胜，收复诸多州县。

1676年，杰书率军移师浙江衢州途中遭到伏击，与叛军短兵相接。杰书此时正在军中，他的大旗被敌人的火器打烂了，炮弹不断在

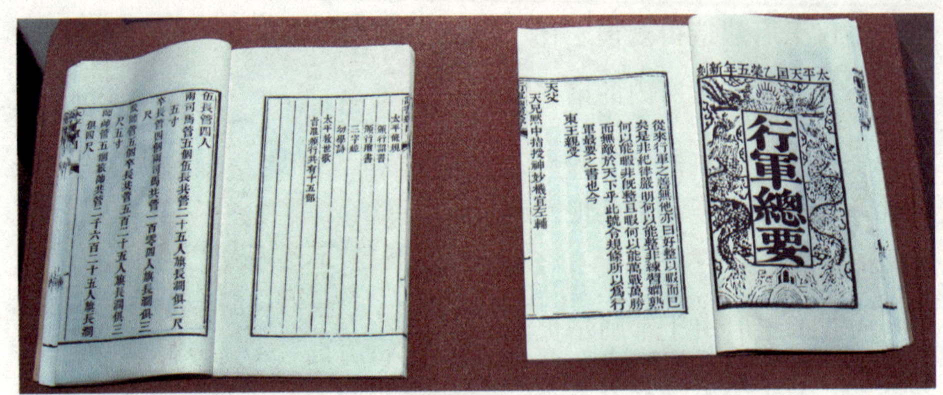

他身边爆炸，亲兵从附近破庙中拆来门板，为杰书遮挡。

但是，杰书毫不畏惧，他指挥作战谈笑自若，使士兵深受鼓舞，大家奋力拼杀，残酷的战斗使双方伤亡惨重，鲜血染红了河水，最终大败叛军。随后，杰书令大军偃旗息鼓，一日夜急行军数百里，攻克了江山城。

不久，耿精忠无力抵挡清兵的攻势，被迫投降。但是，东南的战事并没有结束，台湾的延平郡王郑经还盘踞在金门和厦门一带。

于是，杰书马不停蹄，率百战之师与刚刚投降归顺的耿精忠部队横扫金门和厦门两地，将郑经的残军赶回了台湾，彻底平定了东南各地。杰书凯旋之时，康熙帝亲率诸王和大臣到卢沟桥迎接。

1697年，康亲王杰书病逝。他对清王朝的主要功绩是平定了耿精忠的叛乱，使清朝的统治得以继续稳定地发展下去。

1750年，乾隆皇帝追封自己的长子永璜为定亲王时，并在巽亲王府旧址上新建起了一座定亲王府。因而，从某种意义上说礼亲王府有两处，一处是第一代礼亲王代善在明朝外戚旧宅基础上兴建的礼亲王府，一处是由杰书兴建的康亲王府后又改称的礼亲王府。

1805年，世袭爵位的第九代礼亲王昭梿在官场颇不得志，后因凌辱大臣被夺去了爵位，并被圈禁了起来，后来嘉庆帝才将其释放。

1807年，礼亲王府被一把火烧了个干干净净。后来在清仁宗嘉庆皇帝的垂怜下，昭琏又依照礼亲王府原样进行了重建。

当时，整座礼亲王府呈长方形，规模雄伟，占地宽广，重门叠户，院落深邃。在清代所建的诸多王府中，礼亲王府为京城规模最庞大的建筑群落。

根据《乾隆京城全图》记载，礼亲王府分中、东、西三路，中路为主体建筑，有府门、宫门、银安殿，殿前有丹墀；有两侧翼楼、后殿、两侧配殿；有启门、神殿前出轩、两侧配殿；有遗念殿、两侧转角配房、后罩房，共有房屋五重、院七进。

东路由十二进院落组成，是王爷和其家人休息的房间。西路由花园、屋宇等十一进院落组成，亭台楼阁错落有致，设计十分巧妙。整个王府共有房屋和廊庑等480多间。

末代礼亲王叫世铎，在同治年间先后担任内大臣和右宗正等职务，参与处理军国大事，被赠与亲王的双重俸禄。然而，随着英国的入侵，清王朝便渐渐走向了没落，礼亲王家族也从世铎之子这一辈开始衰落。

在20世纪初期，礼亲王后裔沦落到变卖府邸房产和居无定所的地步，从此销声匿迹。礼亲王家族从1636年至1914年，辉煌的家族历史共延续了279年。

代善自从跟随父亲努尔哈赤打下江山，到他鞠躬尽瘁辅佐清朝三代君主后功成身退，以及他带给后代延绵数百年的显赫家族，至此都化为了历史的灰烬。

知识点滴

礼亲王府还有一个花园在北京市海淀镇，始建于清康熙年间。当初花园分前园和后园。前园雕梁画栋，亭台楼阁无一缺余。后园以叠石假山，将各个景区分隔开来。花园规模很大，占地约33000多平方米，全园布局分3部分，即寝居室、山林野景区园林区。

园中主要景物系以叠山取胜，建筑布局以对称为特点。造园手法，有聚有散，散聚结合，前园严谨，后园活泼，颇有幽趣。园中建有月台一座，四周缭以白石雕栏，台上西部叠置台山一座，高低错落有致，玲珑得体，确为园中之佳品。

睿亲王府

在北京的睿亲王府共有两处：一处是位于东华门外南池子以东的老睿亲王府，一处是位于东城区石大人胡同中间路北的新睿亲王府。

前者是第一代睿亲王多尔衮的府邸，后者是乾隆年间恢复睿亲王爵位后其后嗣子孙的府邸。

显赫一时的睿亲王多尔衮

睿亲王府位于南池子东侧南宫也就是重华宫旧址。南宫在明代时为皇城东苑，占地1万平方米，是太子居住的地方。

明英宗受太监王振的蛊惑，御驾亲征，不想在河北怀来的土木堡被蒙古瓦剌部俘虏，幸好当时的大臣于谦挺身而出，拥戴郕王朱祁钰为帝，即景泰帝，不理睬蒙古瓦剌部的要挟，蒙古瓦剌没有办法，只好把明英宗又放回来了。

可是这里已经有了一个皇帝了，怎么办？于是，于谦就将英宗朱祁镇以太上皇的名义囚禁在小南城重华宫里。

过了几年，景泰帝病了，一些居心叵测的大臣趁此机会拥戴英宗复辟，反而把景泰帝送到了重华宫。不料，没有过去几天，景泰帝就突然因病离开了人世。

到了清代，南宫又成为多尔衮的摄政王府。多尔衮利用了重华宫旧址，将摄政王府建造得宏伟壮丽，甚至超过了皇宫。王府的地基高于地面很多，加之殿宇宏伟，四周绕以36根檐柱，檐椽为3层。

爱新觉罗·多尔衮是清太祖努尔哈赤的第十四子，多尔衮初封贝勒，他是皇太极之弟，母为努尔哈赤大妃阿巴亥。

多尔衮的母亲阿巴亥是个非同寻常的女子，在努尔哈赤晚年纷繁复杂的储位之争中，原居侧福晋之位的阿巴亥曾与皇太极联手诬告大福晋富察氏与太子代善私通等罪。

这一举动达到了一石二鸟的目的：与皇太极争位的主要对手代善被废太子之位，另一对手莽古尔泰遭到了惨重打击；大福晋富察氏被努尔哈赤休弃，阿巴亥借此晋升为努尔哈赤的第三大福晋，同时，其子多尔衮兄弟地位急速上升。

1626年，多尔衮晋封贝勒，并且与弟多铎被合立为一个和硕额真，同掌一旗。

多尔衮15岁时，爱新觉罗家族发生重大变故，努尔哈赤病故。当

时多尔衮兄弟已辖八旗中的正黄、镶黄二旗和十五牛录，实力超过了三大贝勒，并且他的母亲阿巴亥掌握实权，且年富力强，智慧超群，颇有野心。

有母亲做后盾，多尔衮成为除皇太极和代善之外唯一可能问鼎汗位的力量。但是，多尔衮毕竟年幼，对皇太极不具有压倒性的优势，这个时候，代善的抉择就成为关键。

可是，代善出于政治稳定的考虑，同时也被他的两个儿子岳托、萨哈璘说服，接受了皇太极的交换条件，立皇太极为汗。

皇太极继承汗位之后，立即率诸贝勒赶赴阿巴亥所居之处，逼她自尽，为努尔哈赤殉葬。皇太极此举的目的是除掉政治上潜在的对手，同时也把他与阿巴亥之间的秘密永远隐藏起来。

阿巴亥死前要求皇太极善待、“恩养”多尔衮兄弟，把他们抚养成人，皇太极答应了她的请求。阿巴亥殉葬后，年仅15岁的多尔衮父母双亡，丧失了继承大统的可能。

皇太极没有失信于阿巴亥，作为一国之君，作为年长20岁的兄长，他把多尔衮扶养成人，严加管教，提携培养，委以重任。多尔衮也确实是将才，统兵打仗，开疆扩土，屡立战功。

1628年，多尔衮随皇太极出征察哈尔蒙古多罗特部，多尔衮在战役中获大捷，俘众万余，因功赐号“墨尔根代青”，意为“聪明的统帅”。

1629年，多尔衮率军自龙井关入明朝边境，率军围攻北京，败袁崇焕、祖大寿援兵于广渠门外，又歼山海关援兵于蓟州。第二年，还师先行，再败明军。

1631年，皇太极初设六部，多尔衮受命掌吏部。同年，率军强攻大凌河城，多尔衮率骑兵在队伍的最前方奋勇冲锋，险些被城墙上密集的火炮打死。

破城后，明总兵祖大寿被俘投降，他对多尔衮说道：“方才火炮若射中将军，可如何是好？”

多尔衮耻笑其虚伪：“尔言不由衷，当真可笑也！”

事后，皇太极斥责多尔衮

身边的将士对其涉险冲锋不加以拦阻。

1636年，时年25岁的多尔衮已是战功赫赫，晋封为和硕睿亲王。

1638年，多尔衮封奉命大将军，统左翼四旗兵与扬武大将军岳托所率右翼军大举入关攻明，越北京至涿州，分兵八道，连续取得200余场战役的胜利，破城40余座，俘掠人口25万余。

1643年秋，皇太极病逝。多尔衮重新卷入皇位之争，皇太极的长子豪格继承了皇太极的正黄旗、镶黄旗并自掌有正蓝旗。多尔衮与多铎掌有正白旗与镶白旗，有了足够的实力和豪格争夺汗位，此外还有诸多王爷和贝勒的支持。

但是，双方实力相当，倘若有一方强行夺取权力，必将造成爱新觉罗皇族与八旗内部的分裂，妨碍征明之大计。此时，代善又从中起到了决定性作用。

代善说服多尔衮，转而扶持皇太极第九子福临入承大统。而多尔衮和郑亲王济尔哈朗“左右辅政，共管八旗事务”并实际掌权。

豪格在战场上虽然骁勇，但在政治上软弱且缺乏才干，于是自行退出。郑亲王济尔哈朗支持过豪格，两黄旗可以接受。这一决定化解了尖锐的矛盾，避免了八旗内的政治斗争，为满清入关奠定了基础。

多尔衮摄政时期，清军开始大举入关，征服中原。多尔衮不仅骁勇善战，而且谋略过人，他能善用降将与谋臣，善于把握战争全局，集中优势兵力，打击对方薄弱环节，最终取得战争的胜利，为清王朝在我国近300年的统治奠定了基础。

1644年4月，多尔衮率阿济格、多铎等统满、蒙、汉军十余万攻明。在山海关接收了吴三桂部，合兵在山海关之战击溃李自成数十万农民军。10月，多尔衮受封“叔父摄政王”。两路同时发精兵，在陕西合击李自成残部。

1645年年初，多尔衮率兵征山东。3月，命多铎展开江南总攻，多铎急速行军，4月屠扬州，5月占南京，俘弘光帝，灭各南明政权。

多尔衮以“重剿轻抚”一意孤行地实行民族高压政策，以“不随本朝制度剃发易衣冠者杀无赦”“留头不留发，留发不留头”的野蛮法令强迫南方民众接受改朝换代。

6月，多尔衮改变策略，以“攻抚之策”相继平定江南。1646年，

命豪格攻四川，灭张献忠的大西农民军；命博洛征闽、浙；命多铎征蒙古；命将领孔有德征湖广。

1647年，《大清律》颁行全国。同年，罢郑亲王济尔哈朗辅政，独专朝政。此时，多尔衮权势急剧膨胀，他一人独掌八旗中的正白、镶白、正蓝三旗，头衔也升为“皇父摄政王”。

在多尔衮掌权期间，睿亲王府前每日都是车水马龙，大小官员往来穿梭，这里实际已成为当时全国的政治中心。

多尔衮每天召集百官来府议事，然后再将已决之议拿到朝廷去走个过场。后来他嫌跑来跑去太麻烦，干脆将皇帝发布谕旨的玉玺搬回府中。清初诗人吴伟业曾有诗：

松林路转御河行，寂寂空垣宿鸟惊。

七载金縢归掌握，百僚车马会南城。

这首诗描述的就是当时多尔衮的王府外王公贵族进进出出的繁盛情景。对多尔衮的功名事业作了正确的评价。

1650年12月，39岁的多尔衮因狩猎坠马身受重伤，卒于喀喇城，也就是河北承德市郊。多尔衮死后，顺治帝追尊他为“懋德修道广业定功安民立政诚敬义皇帝”，庙号“成宗”。多尔衮无子，以豫亲王的儿子多尔博为后，袭亲王，俸视诸王3倍。

不久之后，郑亲王济尔哈朗等人对多尔衮生前的罪发起弹劾，追论他生前谋逆罪。因其独断专行、妄自尊大，自称“皇父摄政王”，并迫害肃亲王豪格致死，纳其妃、收其财。

顺治帝下诏，剥夺多尔衮封号，并掘其墓，鞭其尸。多尔衮的尸体被挖出来，用棍子打，又用鞭子抽，最后砍掉脑袋，暴尸示众。多尔衮的党羽皆被凌迟处死。

直到1778年，乾隆帝阅览实录，为多尔衮平反，下诏为其恢复名誉，复睿亲王封号，爵位世袭罔替。

知识点滴

多尔衮体弱多病。用肃亲王豪格的话说，他是个“有病无福”之人。多尔衮身材消瘦，素患风疾，入关后病情日重，常常头昏目眩，一度病情加剧，以致在小皇帝面前跪拜都很困难，所以特别恩准他免于跪拜。

但即便疾病缠身，多尔衮仍日理万机，始终兢兢业业。他一再谕令臣下，奏章务求简明扼要，不许有浮泛无据之辞，以免徒费精神。据多尔衮自己说，他之所以体弱神疲，是由于关外松山之战时亲自披坚执锐、劳心焦思种下的病根。

由睿亲王府到寺院的历史

多尔衮死后被削爵，摄政王府府邸遂废。直到乾隆年间，多尔衮恢复名号之后，才将废弃的多尔衮王府改建成玛哈噶喇庙，隶属管理民族事务的理藩院。

玛哈噶喇是藏传佛教中的大护法神，最初为元裔察哈尔林丹汗所供奉。林丹汗败亡后，僧人将其送至沈阳，清太宗建实胜寺祀之。

之后，乾隆帝又下令将玛哈噶喇庙翻修扩建，改名为

“普渡寺”，昔日摄政王府大殿被改建为“慈济殿”，并为大殿题额“觉海慈航”。

大殿还有清魏显达写的楹联：

普济众生蒙佛荫；
渡连圣城沐神恩。

寺院大殿外有甬道，直通山门。道两旁古松林立，清静幽美。

寺内原有黑护法佛殿，内藏睿亲王多尔衮生前使用过的甲胄弓矢，铠甲长约2.3米，黄缎面上绣龙图案，胄直径30厘米，护项亦为黄色，刀剑弓矢比寻常人的长出三分之一。从多尔衮的甲胄和兵刃判断，他的身高应在1.9至2米之间，的确是个彪形大汉。甲胄弓矢的两侧，有两尊护

卫像，所佩带的兵器皆为真品。

转轮藏殿内陈设珍宝极多：有造型奇特的佛像，手执戈戟，下乘狮子，似印度、尼泊尔等国的舶来品；有约3.3米多长的雕镂精致的沉香杖，这些文物现在早已查无踪迹了。

普渡寺正殿供奉欢喜佛，供品用人骷髅一具，庙内旧传有多尔衮死后以鱼皮所造肖像，也已无存。此处大殿建筑宏伟，面阔9间，前出厦5间。基座高大，为须弥座式。

大殿基础高出周围地面约3.3米。檐出飞椽共3层，为建筑制式中少见，被称为“金銮宝殿”的太和殿，檐椽也仅为两层。

睿亲王府改建为玛哈噶喇庙以来，一直有僧人居住。

新中国成立后，南池子地区开始了大规模的修缮改造，普渡寺的修缮引起了许多人士的关注，主持该项工程的部门聘请古建筑专家，对普渡寺原来的面貌进行推测。

普渡寺建筑非常独特：建在高台之上，而且窗棂低矮。像普渡寺这样典型的满族风格文物建筑在北京仅此一处，也是北京少见的清初风格的古建筑。

普渡寺的修缮完全按照古建筑传统工艺及文物整旧如旧的原则进行。殿内的彩画穹顶看起来半新半旧，这是因为在维修时要首先使用旧建筑构件，只有在当旧件缺损、数量不够的时候才能用仿制的新件代替。

据专家考证，建筑外部的彩画基本都是清朝中期绘制的，而内部部分彩画为清初遗存。

修缮将尽量保留旧彩画，对破损的地方尽可能用原工艺、原材料进行修补。整个建筑共需补配彩画200多处，约80平方米。大殿檐柱上

梁头都是木雕龙头，这在北京也很少见。

在进行修缮之前，文物单位首先对普渡寺进行了考古清理，在高台上出土了许多明代的石刻件，也在普渡寺大殿抱厦的东南角发现了圆形建筑物。这个建筑低于大殿的地面约两米，直径约四五米，在其顶部有12块异常精美的汉白玉石雕。在它的北面，还有一个台阶可以通到其底部。

普渡寺整座院落都建在3米多高的城砖台座上，依稀显示着昔日王府不凡的气度。经过半年的复建，历经风雨侵蚀的普渡寺拂去了历史的尘埃，英姿重现。现在的普渡寺整修得很好，大殿整修得更好。大殿面阔7间，黑色琉璃瓦绿剪边歇山顶殿顶，前出抱厦3间。最上面的彩画基本未动，保持原样，下面重新翻新了。

檐下的枋头饰物龙头和故宫内的不一样，是另一种样式的龙，保持了关外满族的风格。殿前抱厦覆以黄琉璃瓦，显示以不同的等级。

现在，普渡寺周边的前巷、东巷、西巷等胡同的铭牌都写作“普渡寺”。然而在《宸垣识略》等多部记述北京历史地理的资料中，“渡”字都没有三点水旁，均写作“普度寺”。

知识点滴

因为多尔衮没有后代，生前曾将豫亲王之子多尔博过继为嗣。乾隆皇帝便将多尔博五世孙淳颖复爵睿亲王，因原睿亲王府已经改建为普渡寺，位于石大人胡同的淳颖宅邸被作为睿亲王新府。

睿亲王新府规模十分宏大，曾有房500多间。中路建筑如同缩小的紫禁城三大殿，有东西翼楼、银安殿、二道门、神库、安福堂等殿堂。西路为王府花园，东路为宗祠，大厨房、瓷器库、灯笼库和戏台等，府门外还有马圈和车房。

豫亲王府

豫亲王府位于北京东城区帅府园东口，也就是后来协和医院的位置。该府建于顺治朝，前身为明代诸王馆址。

豫亲王始王为清太祖努尔哈赤的第十五子多铎。多铎秉性刚毅，能征惯战。此后世代绵延有13个王承袭豫亲王爵位。

多铎去世，多尼袭王后改赐号为信，府亦改为信亲王府。因此，在《乾隆京城全图》上只绘有信郡王府，而无豫亲王府。

特立独行的豫亲王多铎

在《燕京访古录》中能找到豫亲王府前身的记载，这个地方最早是隋朝的燕王府，北平王罗艺的帅府。

后来，唐高祖李渊太原起兵，封他为燕王，并赐姓李。在新中国建立之初，还能见到府前那座遗存千年的大影壁。

元建大都后，规划了北京城。这里紧依皇城，官府衙门众多。此地曾是御史台衙门所在地，明朝初期改为北平按察史司公署。

后来燕王朱棣发动“靖难之役”，在北平即了皇帝位，年号“永

乐”，正式定都改北平并改名为北京，这里便成了大明王朝的都察院。

1452年，为应付瓦剌军的入侵，兵部尚书于谦建议在这里设立团营，团营总兵武清侯石亨就把都察院改为帅府。由此可见，元明两代，这里一直是皇朝的政治、军事重地，内中活动维系着江山社稷的安危。

到了清代，豫亲王始王爱新觉罗·多铎在此建府。多铎是清朝的开国元勋，名列“八大铁帽子王”之一，配享世袭罔替的殊荣。

根据清代《乾隆京城全图》记载，当时的豫亲王府坐北朝南，主要建筑有：面阔5间的正门，面阔5间进深3间的大殿，丹墀，各面阔5间的东、西翼楼，面阔3间的后殿，面阔7间的后寝和面阔13间的后罩排房。大殿两侧各有3进院落的东、西跨院。中轴线上建筑之大殿和后寝部分，近似紫禁城的外朝与内廷。

豫亲王始王多铎是清太祖努尔哈赤最年幼的嫡子，大福晋阿巴亥所生的第三子，兄弟中排行十五，与皇十二子阿济格、皇十四子多尔衮为同母兄弟。

多铎秉性刚毅，能征惯战，作为努尔哈赤最心爱的小儿子，多铎自幼恃宠而骄是可想而知的。根据女真族继承权的习俗，未分家的嫡出幺子称为守灶儿子，有权继承父亲所有遗产，因此多铎从小的地位就相当显赫。

1620年，努尔哈赤废太子代善，宣布八王议政制度，当时年仅7岁的多铎和9岁的多尔衮被立为和硕额真，名列四大贝勒、德格类、济尔哈朗和阿济格之后，成为满洲地位最高的贝勒之一。而其他战功赫赫的兄长们和堂兄弟们反而没有这样的政治地位，可见阿巴亥母子受宠的程度。

1624年元旦朝贺礼，这时朝贺汗王的列次是很能体现政治地位的。当时未满10岁的多铎排名第七，随班朝贺大汗，如果排除蒙古来的台吉不算，在贵族中，多铎是第六个单独朝贺努尔哈赤的，仅次于四大贝勒和阿

济格，比德格类、济尔哈朗还要靠前，而岳托和杜度并列朝贺，可见多铎地位之显赫。

1629年，多铎随清太宗皇太极攻打多罗特部有功，赐号“额尔克楚呼尔”，意为“勇敢”。1636年，多铎受封豫亲王，掌礼部事。之后，多铎在进攻朝鲜、大明、蒙古等大大小小的战役中屡立战功。

多铎在清朝诸王当中最为特立独行。他之所以率性而为，同他幼年在一昼夜之间丧父丧母心理遭受极大创伤不无关系。

父死母生殉，给当时只有13岁的他造成心理上的重大刺激，所以一直表现得性情乖张，行为荒唐，使继承汗位的皇太极大伤脑筋。

其后，为了这些悖谬行为以及一次作战失利，1639年，皇太极召诸王大臣历数多铎之罪，降亲王为贝勒，罚银万两，夺所属牛录三分之一给其兄多尔衮，并不准许他参与议政，也不让他插手管理六部事务。这在当时是非常重的处罚。

后来在1644年的松锦大战，清军大胜，破城，俘虏洪承畴，多铎亦立了战功，晋豫郡王。后多铎和阿济格随同睿亲王多尔衮率领满、蒙兵力的三分之二及汉军孔有德、耿仲明、尚可喜各部，由盛京出发，向山海关进军，准备进取中原。

清军抵达辽河时，明山海关总兵吴三桂遣其副将杨坤至清军营乞兵请降。清军与吴三桂部合流后，率精兵18万直逼北京城。

李自成仓皇撤出北京，多尔衮则率军进入北京。多铎与阿济格率八旗精锐绕过北京尾随追击李自成的大顺军至固关，随即返京。

1644年，多铎晋为亲王，恢复了原有的爵位，随即命为定国将军，统领清军南征，连克怀庆、孟津、陕州、灵宝等城。

1645年，豫亲王多铎率军进攻河南。出虎牢关，并分兵由龙门、南阳三路合围并攻陷归德后，率其八旗大军横扫河南大半地区，河南诸州县皆

为其收降。

河南战场，多铎大军捷报频传。清廷获悉中原已定，诏褒多铎功，赐嵌珠佩刀，镀金鞓带，以示嘉奖。

接着，江北诸镇先后被多铎所率军队占领，河南将领史可法急速退守扬州。多铎挥师南下，强渡淮河，用了12天的急行军，兵临扬州城下。

随即强攻扬州城7日，扬州军民势单力薄，但仍拼死抵抗，使得清军攻城受阻。在此情形下，多铎数次派人，连发信函，企图招降明军统帅史可法，但均遭史可法严词拒绝。

多铎下令用红衣大炮攻城，摧毁了城内军民的顽强抵抗，史可法自杀未成，被俘。豫亲王多铎再次劝降，又遭史可法拒绝。

攻陷扬州后，多铎的军队出兵攻陷江南各地，南明临时政府几乎没有什么战斗力，清军一到，便都放弃抵抗，迅速投降。清军继续推进。

多铎部队的前锋抵达南京城下，23万守卫的南京军队全部放下武器投降。多铎率军开进南京城，“承制受其降，抚辑遗民。”南明弘光临时政府就此覆灭。

入南京城之前，多铎的部队事先将安民告示在城中四处张贴，南明的大批官僚在多铎率军进入南京时冒着滂沱大雨跪在道边迎降。

第二天，南明临时政府的文武各官员，又簇拥在多铎面前争趋朝

贺，媚态百出，气节尽失，他们将官职帖堆成几十座小山，企图在改朝换代后混得一官半职。

随后，多铎在南京实行了一系列收买人心、缓和矛盾的政策。多铎以“定国大将军豫王”令旨遍谕各处，称清军平定东南，乃是“奉天伐罪，救民水火”。

他去拜谒了明孝陵朱元璋墓，对刚刚覆灭的前朝以及它的开国皇帝表示尊重。

同时，多铎下令优恤史可法的家属，于扬州为史可法建祠堂，谥“忠烈”，称“史忠烈公”，表彰史可法的忠节。他对弘光小皇帝以礼相待，奉若上宾。他命原南明临时政府的各级官员按照原先编制全部留用。

此外，多铎还下令将8名抢劫百姓的八旗兵斩首。另外，多铎下令张榜各城门示谕臣民，严禁胡服辮发：“剃头一事，本国相沿成俗，今大兵所到，剃武不剃文，剃兵不剃民。尔等毋得不遵法度，自行剃之。前有无耻官员，先剃头来见，本国已经唾骂。特示。”

多铎在清入关后所取得的胜利，可谓空前。多铎率军还京师之际，顺治帝亲自到南苑迎接，后晋封多铎为德豫亲王，晋封册文中称多铎“定鼎中原以来，所建功勋，卓越等伦。”

1646年，蒙古苏尼特部腾机思、腾机特等叛奔喀尔喀，反出清廷。顺治帝命多铎为扬威大将军，偕同承泽郡王硕塞于克鲁伦河集外藩蒙古兵，北上追剿苏尼特部。多铎大胜回朝，顺治帝出安定门迎接。

1647年，多铎被加封为辅政叔德豫亲王。1649年，多铎患天花，不治

而亡，享年36岁。

多尔衮得知弟弟去世的噩耗，立即由前线返京，为其举行隆重葬礼，立碑记功。

1652年，由于多尔衮身后被削爵、掘墓、鞭尸，多铎因是其同母弟之故，被连累追降为郡王。1671年，康熙追谥豫郡王为“能”，1778年，乾隆昭雪多尔衮，同时命复多铎亲王爵及封号。

知识点滴

据《盛京城阙图》记载，清初沈阳也有一座豫亲王府。王府是一座长方形两进院落，正门南向。至今仍保留一座石雕的照壁，石质呈红色，显系本溪一带所产的“红小豆石”，与今沈阳故宫崇政殿前石栏杆中的一些栏板的材质相同。

石照壁为双面透雕，雕工粗犷、严谨，最宽处为410厘米，高200厘米。整个石照壁布置得错落有致，疏密相宜，十分和谐优美。

且用昆虫、走兽、树木、仙人、飞禽、山石等谐音寓意吉祥。如“封侯挂印”“福禄寿喜”等，用以赞祝主人万事如意，永为王侯。

壁身之上为石雕脊顶，由脊瓦、兽面形瓦当、海棠叶形滴水等组成。壁身之下是石雕缠枝牡丹花纹的壁座。影壁现藏沈阳故宫博物院。

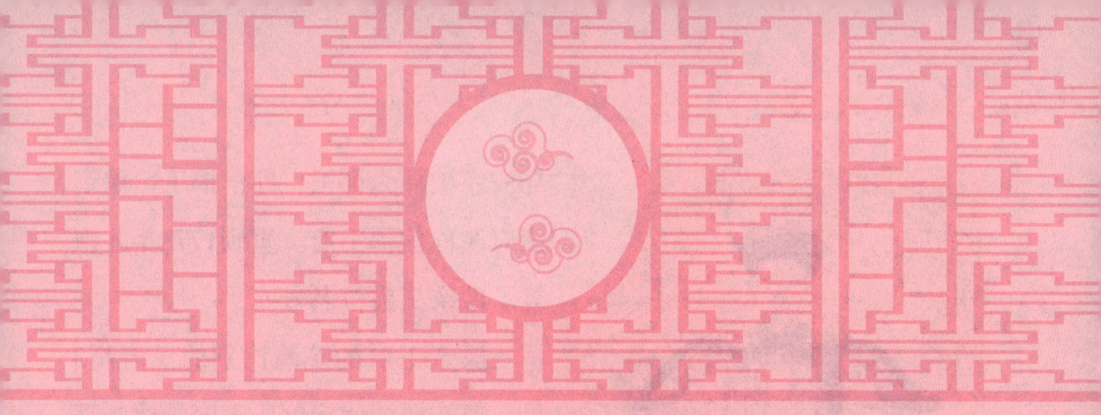

豫亲王府改称信郡王府

第二代豫亲王多尼，是多铎的次子，于1649年袭封为豫亲王，同时改封为“信亲王”。由于多铎在多尔衮死后被牵连获罪，多尼便在

1652年被降为郡王，即信郡王，豫亲王府改称信郡王府。直到1778年才恢复了豫亲王爵位名号。

豫亲王府的院墙比别的王府高3尺，但按照清代定制，王府的建制都有明文规定，院墙的高低当然也要有限制，绝不会各行其是。逾制，是要受罚的，甚至有被杀头的危险。那么豫亲王由亲王降为郡王后，为何府墙反而加高了呢？

豫亲王府的院墙之高，闻名北京城，它来源于一个年代久远的传说：乾隆时，那一代的信王好棋，棋艺很高，名扬朝野。

乾隆帝也好棋，一日君臣会棋，一比高低。信王请旨，胜负如何奖罚？

乾隆说："你赢了，朕赏你，你输了，朕罚你。"

信王问："怎么赏罚？"

乾隆说："你输一局，朕就抠你一个大门钉，你赢了，朕就赏你。"

那时王府大门上的金钉依制定数是级别荣誉的明显标志。抠门钉等于降级。君臣下了半日棋，结果各胜五局，胜负对等。怎么奖罚呢？

乾隆灵机一动，说："朕也不赏你，也不抠你门钉。这样吧，朕准你府墙加高3尺。"

府墙高低代表了级别，准加高府墙也是赏给荣耀。信王很高兴地接旨加墙。由此北京城就留下了“礼王的房，豫王的墙”之谚语。

与这一民间传说相类的，还有豫亲王府门前的那对石狮子。按说，王公贵族府邸门前的石狮子一般都雕琢得面目狰狞、气势威猛，而豫亲王府门前的一对石狮却前爪屈伸，懒洋洋地趴在地上，其神态简直就是饱食后在晒太阳一般，故被人称之为“懒狮”。

之所以如此，据说是因为多铎为创建大清帝国曾立下汗马功劳，被封为世袭罔替的“铁帽子王”后，不仅其子孙后代世世为王，就连见了皇帝也不用参拜和接送，因此“铁帽子王”又叫“懒王”。

既然王府的主人是“懒王”，其门前的石狮子也就效仿主人偷懒起来，而不愿没日没夜地昂首挺立在王府门前了。

第三代豫亲王鄂扎，是多尼的次子，于1661年袭封为信郡王。鄂

扎也是能征善战的猛将，1675年，命为抚远大将军，讨察哈尔布尔尼，立下战功。1778年，乾隆帝追述多铎为开国元勋，复豫亲王爵。此后，世代绵延，豫亲王家族一直居住于此。

知识点滴

随着清王朝的灭亡，豫亲王的“铁帽子”爵位也走到了尽头，为了维持家族庞大的开销，1916年年末，末代豫亲王将沿用近300年的豫亲王府以极其低廉的价格整体出售给了洛氏基金会。

基金会拆除了王府全部建筑，请中美两国的专家设计，建造了中西合璧的协和医学院及附属医院的宫殿式楼群。

传闻，拆除豫亲王府的时候，曾经挖出大量历代豫亲王藏于地下的金银财宝，其金银财宝的价值远远超过洛氏基金会的投资。协和医院也正是用了这些财宝购置了最先进的医疗设备，成为当时我国最好的大型综合医院。

肃亲王府

肃亲王家族命运多舛，始王豪格被多尔衮阴谋陷害，死得很惨。末代肃亲王在新民主主义革命洪流中不知所措，最后，成了没落的满族贵族。

肃亲王府位于北京东城区正义路东侧。顺治年间建，历代袭王俱以此为邸。1901年沦为日本使馆，只存垣墙。

后末代肃亲王不得不在东城北新桥南船板胡同内重新建造新王府，新府规模不大，仅由几个大的四合院组成。

被陷害致死的始王豪格

顺治年间建造的肃亲王府位于后来的东城区正义路东侧，历代袭王均以此为邸。

从1750年绘制的《乾隆京城全图》上来看，当时肃亲王府称为“显亲王府”。

在王府中轴线上，由南向北依次是府门、银安殿、东西翼楼、神殿、后罩楼等。西面是花园，北面还有家庙。从图上看，王府基本按照《大清会典》的制度修建，并未逾制。

第一代肃亲王爱新觉罗·豪格是清太宗皇太极长子。生母继妃乌拉那拉氏。白山黑水的孕育，父祖的熏陶，使他从小就练就了一身过硬的骑射本领。初次征战蒙古董夔、察哈尔、鄂尔多斯诸部便立下赫赫战功，被封为贝勒。

1626年，豪格随大伯父代善征讨扎嚕特部，杀死扎嚕特贝勒鄂斋图。

1627年5月，皇太极率15万大军攻打辽宁锦州，锦州守军从城上扔下巨石，两军酣斗多时，突然后金军阵脚大乱，原来明军援军已经到达，城内明军与援军前后夹击，皇太极只能下令撤退，在这次战斗中豪格由前锋变为后队掩护全军突围。

几天后，盛京后金援军赶到，皇太极下令新军做前锋，乘夜间寂静，偷袭锦州，长途奔袭宁远，在城外与明军开始了一场混战，明军败走，后金军抵达宁远城下。忽然，右侧杀出一支明军，为首的正是袁崇焕。败退的明军再次返身杀回，后金被迫撤退，这就是“宁锦大捷”。

1628年，皇太极命豪格与郑亲王济尔哈朗讨伐蒙古固特塔布昂，全军大获全胜，将其部众收编，蒙古的通道被打通了。1629年10月，皇太极亲自率领大军入塞，他绕开袁崇焕的防区，取道蒙古，攻陷河北遵化，直抵北京城下。

明朝朝野震动，急忙调驻守山西的满桂入援北京，袁崇焕也带兵千里驰援。在广渠门外，豪格率领他所领的镶黄旗迎击宁、锦援兵。“敌伏于右，豪格以所部当之，冲击至城壕，明兵大溃，偕岳讬、萨哈廉围永平，克香河。”

1632年5月，豪格与其叔父多尔衮征讨蒙古察哈尔部，同时移师至明朝边界，攻克归化等地。6月，豪格被晋为和硕贝勒。

1634年，多尔衮出征察哈尔林丹汗之子额哲，豪格作为副将也一起出战，在托里图，额哲献出元顺帝的传国玉玺。

回师抵达归化城的时候，豪格顺手牵羊地劫掠了山西边郡，摧毁宁武关，入代州、忻州。1636年4月，豪格被晋封肃亲王，掌管户部。

此后，豪格参加了几乎所有的关外对明战争，但是，作为每一场战役的执行者或者说是参与者，豪格只是忠实地完成着父亲或叔父多尔衮的指示，并没有展现出自己的军事才能。

和硕贝勒阿敏等人由于功高跋扈而失势，皇太极意识到要培养新一代的人才，他提拔了睿亲王多尔衮、豫亲王多铎等人，但是他对多尔衮兄弟始终放心不下，而他们的两正白旗又是八旗中的精锐部队，所以每次多尔衮出征，豪格总是率领两正黄旗随行，作用是监视多尔衮、多铎的两白旗。

豪格与多尔衮虽然是叔侄，却比多尔衮年长，面对这个比自己年龄小但辈分高的叔父，他的心里显然不服气，加之多尔衮是主帅，处处节制豪格，二人由此开始积怨。

在皇太极时期，豪格作为长子，自然也受到了众人的拥戴与恭维，所以他是幸运的，但是随着父亲的辞世，豪格的顺风路也走到头了，在以后与多尔衮集团的一系列政治斗争中，最终也败了下来。

1643年，皇太极辞世，需要再立新君。清朝祖制规定，在皇位继承权上是子凭母贵，豪格的额娘是继妃乌拉那拉氏，所以他虽是长子却没有资格继承皇位，于是他便支持贵妃之子博木果儿，而多尔衮则支持庄妃之子福临，这两位阿哥当时年纪尚小，所以这场争夺皇位的较量变成了豪格与多尔衮两个政治

集团之间的较量。

但是豪格集团却远没有多尔衮集团的势力强大，多尔衮不但有自己亲兄弟阿济格、多铎的支持，更笼络了一族之长礼亲王代善支持自己。

相比之下支持豪格的只有郑亲王济尔哈朗，结果当然是多尔衮集团以压倒性的优势获胜，福临继承皇位，也就是后来的顺治皇帝。

多尔衮顺理成章地成为了辅政亲王，虽然豪格的力争也将济尔哈朗推举成另一位辅政亲王，但是军政大权却从此掌握在多尔衮手中，双方的第一回较量还是以多尔衮的获胜而告终。

1644年，明朝的形势发生了重大变化，李自成的农民起义军攻陷北京，明王朝被推翻了。消息传到关外，多尔衮亲率10万大军向山海关进发。

山海关一战，清军和吴三桂联手击败了李自成的农民军。1644年9月，顺治皇帝迁都北京，从此开始了大清王朝崭新的一页。

这里有个小的插曲，在定都北京以后，代善之子硕托、孙子阿达礼曾劝多尔衮称帝，此事被豪格知道后，告发了硕托和阿达礼，这两人因此被处死。这两人是多尔衮的心腹，多尔衮自然对豪格更加恨之入骨，暗中谋划要铲除豪格。

当时清朝面临的敌人还很多，最主要的是南明弘光政权、败退湖北的李自成农民军和四川的张献忠大西政权。于是多尔衮决定三路出击，由和硕豫亲王多铎攻南明，和硕英亲王阿济格攻李自成，而把最难打的张献忠交给了豪格。

多尔衮此举无疑是想借刀杀人，因为四川路途遥远，张献忠以逸待劳，豪格肯定不敌。豪格心里当然知道多尔衮的用心，但是将令难违，虽然征西的前方危机重重，却成为了豪格一生中最为壮烈的时刻。

1646年，豪格被任命为靖远大将军，率领衍禧郡王罗洛浑、贝勒尼堪、平西王吴三桂等人开始了西征。大军行至陕西，当时明朝的旧将孙守法、王光恩、武大定、贺珍等人，起兵兴安、汉中等地，后来势力坐大，居然攻陷了西安。

豪格下令都督孟乔芳与章京洛辉攻西安，自己率主力攻汉中、兴安，蒋登雷、石国玺、王可成、周克德纷纷投降，陕西平定。豪格留下固山贝子满达驻守陕西，继续扫平余孽。自与吴三桂等人进军四川。

这时候的四川人民，已经被张献忠杀了大半。传说张献忠自从得了四川，没有一天不杀人，其手下兵将以杀人多少论功，张献忠的残暴使部下人人自危，川北保宁守将刘进忠得知清军到来的消息，率领所部兵马到汉中向豪格投降，表示愿为先导。

豪格命正黄旗巴雅喇昂邦鳌拜与刘进忠先行。这时候，成都的张献忠得知刘进忠降清的消息后大怒，下令拆毁成都的宫殿，亲率大军出川北，想一举消灭刘进忠后再与豪格决战。

这边的豪格也率领大军向川北进发，日夕催趱，直达四川西充县

境内，清军扎下营盘，探马回报，张献忠正在西充，豪格知道这正是消灭张献忠的大好时机，于是下令拔营，催动全军向凤凰山挺进。

这时正是漫天大雾，晓色迷蒙，豪格下令全军逾山而进，大雾中，豪格与张献忠两军突然相遇，两军开始混战，双方都不知对方有多少兵马，浓浓的大雾中只有震天的喊杀声……

霎时间日光微逗，大雾渐开，张献忠左右四顾这才发现手下的兵马已经所剩无几了，满眼都是黄白蓝红的军旗与留着辫子的清兵，连义子孙可望、刘文秀、李定国等人也不知去向。

张献忠到底也算是一代枭雄，从起兵以来也经历了无数的厮杀，他大吼一声，硬是从无数清军中杀出一条血路，望西而逃。

就在这时候，最精彩一幕出现了，镶黄旗章京雅布兰见张献忠要逃走，抽弓搭箭，窥住张献忠直射过去，一声喝着，张献忠翻身落马。

雅布兰纵马上前，挥刀径直砍向张献忠，后面的镶黄旗清兵踊跃随上，刀斩枪戳结果了这个杀人魔王的性命。没有了张献忠的大西军如同一盘散沙，豪格乘胜前进，克遵义、夔州、茂州、荣昌、隆昌、富顺、内江、宝阳诸郡县，四川平定。

四川的平定，是豪格优秀军事才能最淋漓尽致的发挥，他为川民戳杀张献忠，可以说是清朝诸将中最得民心者了。

豪格平定西部，为清王朝立下了头等功勋，可等待他的却是悲惨的结局。回到北京后，顺治皇帝亲自为豪格接风，赐宴回府。

可是豪格刚刚回府就被多尔衮派人牵入宗人府羁押，轮番审讯，无端地罗列出他在征西时克扣军饷、浮领军费、包庇部下等罪状，豪格想上书为自己辩解，可是他的折子根本出不了宗人府，又得知他的福晋居然被多尔衮招到摄政王府，日夜留住，豪格羞愤交加，后精神错乱，活活被气死在狱中。豪格死后，其福晋为多尔衮所纳。

豪格的一生功勋卓著，不逊于多尔衮、多铎和阿济格，然而最终却成了多尔衮政治阴谋下的牺牲品。

1650年，多尔衮意外身亡。1651年，顺治皇帝亲政，掘了多尔衮的坟，鞭尸泄愤，为兄长豪格平反昭雪，恢复了他和硕肃亲王的爵位，并立碑为他表功。1656年，豪格被追谥，成为清朝第一个被追谥的亲王，称“肃武亲王”。

此后，豪格子孙均以显亲王袭封，至1778年，恢复肃亲王封号世袭，共传10位王爵。

知识点滴

过去，北京人谈起旧时北京的王府，常说：“礼王府的墙，豫王府的房，肃王府的银子用斗量。”礼王府和豫王府的建筑的确好于其他王府。

清初第一代肃亲王豪格统兵追杀张献忠，立下大功，为此，他得到的财富也多于一般的王公。但众人都知肃王府银子多，王府内的银子如何收藏却鲜为人知。

肃王府的藏银方法很奇特，是用整张刚剥下的鲜牛皮将银子包好，再用牛筋缝严，待牛皮风干后坚固无比，若想取出银子，必须用刀割破牛皮。

这不但使窃贼无法偷窃，即使府内人等也休想打它的主意。这种方法非常有效，历代肃亲王都使用它。

被八国联军烧毁的肃亲王府

顺治为豪格平反昭雪后，豪格的子孙均以显亲王袭封，至1778年才恢复了肃亲王封号世袭。末代肃亲王善耆，字艾堂，1898年继袭肃亲王爵，1902年任步军统领，管理工程巡捕事务。1907年任民政部尚书，对北京近代市政管理作出了一定贡献。

因为肃亲王府环境优美，富丽堂皇，在第二次鸦片战争后，法国曾经要求将肃亲王府作为自己的使馆。但肃亲王府系“铁帽子”王府，当时负责谈判的恭亲王不敢轻易许诺，后几经交涉，法国才勉强同意将使馆建造在纯公府，肃亲王府暂时逃过一劫，但它还是没有逃过八国联军那次浩劫。

1900年6月24日，肃亲王善耆携家人趁混乱逃离肃亲王府，与慈禧皇太后逃往西安。1901年，当他随慈禧皇太后回到北京时，肃亲王府已经被八国联军烧毁，只存垣墙。

之后，肃亲王不得不在东城北新桥南船板胡同内，也就是后来的东四十四条西头路北重新建造新王府，新府原为道光年间大学士宝兴宅，新府规模不大，仅由几个大的四合院组成。

肃亲王在此建起两层楼房，安装了发电设备和自来水，还建造了

法式客厅。新王府虽有200多间，但已不是按照王府规制建造。

新王府有寝室、书房和花园，在花园的最北侧还建有一座二层小楼，楼内装修完全按照法式风格布置，屋内摆放有在西洋定做的钢琴、洋床，连吊灯都完全是从欧洲进口的。

20世纪后，肃亲王善耆离开北京前往旅顺居住，1922年病死在旅顺。北新桥南船板胡同内的新肃亲王府也于1947年被善耆十九子宪容和善耆长子宪章一起出面卖给了法国天主教，作为神学院使用。

知识点滴

清帝退位后，末代肃亲王善耆避居大连，与日本人过从甚密，进行复辟活动，曾策动1916年满蒙独立。

“满蒙独立运动”是由日本军部设关东都督府参与策划并实施的旨在分裂中国的阴谋活动，是日本“大陆政策”的重要步骤之一，后因日本对华政策的变化，失去日本政府的支持而以失败告终。

克勤郡王府

克勤郡王府位于北京西城区新文化街西口路北。现为新文化街第二小学。是清初“八大铁帽子王”王府之一。曾一度是知名人士熊希龄的住宅。

现在王府后半部的后寝门、后寝和后罩房等建筑物尚完整。1984年公布为北京市重点保护文物。

智勇双全的克勤郡王岳托

第一代克勤郡王岳托是礼亲王代善的长子，最初被授予台吉，继而封为贝勒。岳托很早就投身戎马，自幼随祖父努尔哈赤征战各方，功劳卓著，以骁勇善战和擅长谋略名冠后金。

1621年，努尔哈赤率军攻打沈阳奉集堡，将要班师时候，突然接到谍报，附近发现了明军数百人。岳托于是偕同台吉德格类向明军发动突袭，击败了明军。

之后努尔哈赤攻克沈阳，后金军奋起直追至白塔铺。岳托闻讯后赶至白塔铺，狂追明军40里，歼灭明军3000余人，他这种执着的精神也确有乃父之风。

不久以后，发生了一件事。喀尔喀扎鲁特贝勒昂安把后金军使者捉住并送往叶赫，结果使者被杀。于是在1623年，岳托同台吉阿巴泰出兵讨伐昂安，斩杀了昂安以及他的儿子。

1626年8月，太祖努尔哈赤病逝，后金面临了谁继承汗位的问题。当时四大贝勒全都手握重兵，势均力敌。一有不慎可能会毁掉后金的百年基业。在这时岳托从大局着想，与三弟萨哈璘一起劝说父亲支持四贝勒皇太极即位，迅速解决了当时的权力接续问题。

虽然岳托作为代善长子在代善即位后是很可能成为太子的，不过岳托同父亲一样从大局出发，支持皇太极。所以在太宗时期，代善父子一直深受信任，即使犯有错误，两人所掌的两红旗也没有被夺去或削弱，恩宠日隆。

1626年10月，岳托跟随父亲代善攻打内蒙古扎鲁特，斩杀其部长鄂尔斋图，俘虏了他的部众，于是因军功封为贝勒。

1627年，岳托偕同贝勒阿敏、郑亲王济尔哈朗讨伐朝鲜。后金军

跨过鸭绿江后，连续攻克义州、定州、汉山三城。

回师后，岳托又跟随皇太极伐明，由于大明名将袁崇焕的有力防守，清军一筹莫展，损失惨重。但岳托在战斗中，不光击败了路遇的明军，还在围攻宁远时击败明军挖壕士兵千余，复败明兵于牛庄。

1628年，岳托同阿巴泰侵犯明边境，毁锦州、杏山、高桥三城。又烧毁自十三站以东烽堠21座，杀守兵30余人。班师时，皇太极亲自出迎，赏赐良马一匹。

1629年，岳托进犯明锦州、宁远，焚毁明军积聚的粮草。10月，皇太极亲自攻打明朝，岳托与济尔哈朗率右翼军夜攻大安口，毁水门而入，击败马兰营援兵于城下。

第二天，岳托见明兵扎营于山上，分兵让济尔哈朗偷袭，自己驻扎山下等待时机。这时，明军自河北遵化来支援，岳托对济尔哈朗说："我一定会打败他们的。"之后五战皆胜。

11月，岳托率右翼军与阿巴泰所率的左翼军会合于河北遵化，他们首先攻打顺义县，不久击破明总兵满桂等人。进逼明都北京，复跟随父亲代善击败明朝援兵。

12月，岳托和贝勒萨哈璘围困永平，攻克香河。岳托在进攻明朝时进退自如，多次立下战功，在爱新觉罗的第三代中脱颖而出，成为其中的佼佼者。

1630年，岳托同贝勒豪格回守沈阳。1631年3月，皇太极诏询诸贝勒："国人怨断狱不公，何以弭之？"

岳托奏："刑罚舛谬，实在臣等。请上擢直臣，近忠良，绝谗佞，行黜陟之典，使诸臣知激劝。"

岳托应对自如，在皇太极心中留下了极佳的印象。6月，初设六部，岳托奉命掌管兵部。

7月，皇太极攻打大凌河，岳托偕同贝勒阿济格率兵两万从义州进军，与大军会师。固山额真叶臣包围了城西南，岳托为他接应。

明总兵祖大寿见大势已去，遂向后金请降，以子祖可法为人质。

祖可法进入清军营地后，准备拜见诸贝勒，岳托说：“作战时则是仇敌，议和了就是弟兄了，为何要拜呢？”

岳托问祖可法为何要死守空城，祖可法回答说：“怕城破后受到清军的屠戮！”

岳托巧妙回答了这个问题，说是力图瓦解明军的战斗力和抵抗，争取汉人的归顺。于是放归祖可法，当他离去时，众人都起身相送。

三天之后，祖大寿投降。岳托不仅作战有一套，对于劝降也很有办法，谈吐也很有水平，不同于很多只重武力的后金将领。

皇太极建议攻取锦州，命令岳托偕同诸贝勒统兵4000，改着汉服，同祖大寿假作溃散的明军，夜袭锦州。那晚，恰好有大雾，不能见物，不利作战，只能作罢。1632年正月，岳托上奏章给皇太极：

前几年攻克辽东、广宁等城时，汉人拒绝投降的人都被杀，之后又屠杀滦州、永平的汉人，所以汉人很恐惧，归顺

的人也就很少。如今，我们攻下了大凌河，正好借此机会让天下的汉人都知道我们不是一味用武力征服和屠杀，也是会善待和安抚归顺了的人民的。

臣以为这样的怀柔政策，前来归顺的汉人必会大大增加。首先应当保全来归者的全家，不能随意将他们罚做奴隶，然后官府发放钱粮赈济他们，让他们安居乐业。

倘如上天眷顾我们后金，让我们后金占有汉人的土地，仍还其家产，他们一定会心悦诚服地接受我们的统治。

应该命令诸贝勒出庄院一座，每牛录取汉男妇二人、牛一头，编为屯，人给二屯。出牛口之家，各牛录仍以官价补偿。

而大明的诸将士远离故乡，成年累月戍守边关，害怕我们的诛戮。而今他们听说我们善待他们，就可能会来归顺我们。我们应善待降兵，不要让他们流离失所，那么人心依附，统一大业就可完成了。

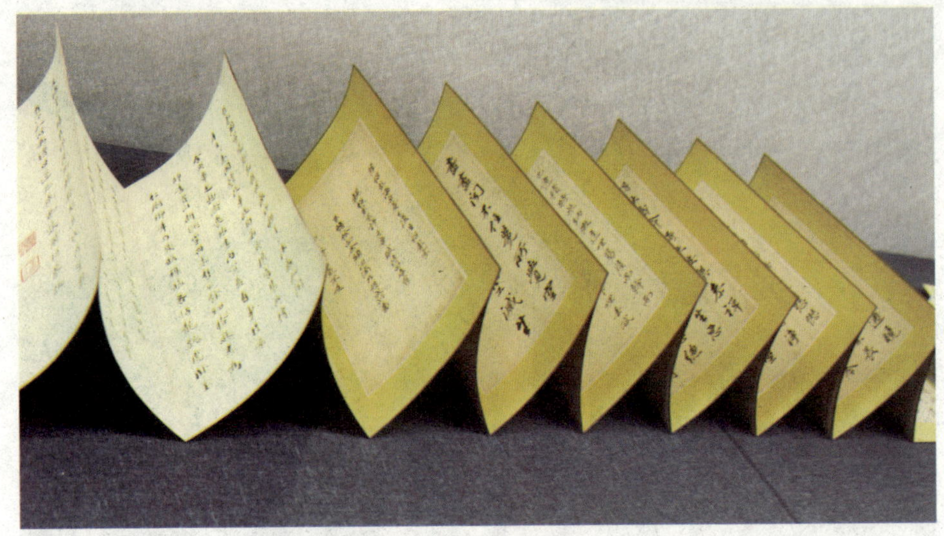

皇太极对岳托的上奏非常满意。岳托的政治眼光在这件事中得到充分的表现，而这一政策也成为大清后来的国策，岳托对于大清的建立立下了大功，理应成为铁帽子王。

5月，岳托同济尔哈朗等攻打察哈尔部，行至归化城，俘获以千计。又偕同贝勒德格类开拓疆域，自耀州至盖州南。

1633年8月，岳托又同德格类等攻打旅顺口，攻克后留兵驻守。班师凯旋回朝，太宗皇太极亲上郊外犒劳，并以金杯酌酒赐给他。

1634年，皇太极在沈阳阅兵，岳托率领十一旗行营兵，列阵20里许，军容整肃，旌旗鲜明。皇太极十分高兴并嘉许岳托，对岳托在兵部的工作也很满意。5月，岳托随从皇太极出征察哈尔，中途患病，只能先行返还。

1635年，岳托随军攻打明朝山西，又因有病留在归化城。这期间蒙古土默特部告密，博硕克图汗之子俄木布遣人同阿噜喀尔喀及明朝使者到来，准备进攻后金。

岳托于是派遣兵伏击明使，擒住明军使者，令土默特部捕杀阿噜喀尔喀的部下。岳托选出部分土默特青年壮丁，编成队伍，立下条约，安定了一向不平静的河套蒙古各部。

岳托带着病身依旧为后金劳心劳力，立下了平定河套蒙古各部的大功。之后与诸贝勒会师，一同返还。

1636年，皇太极称帝，改国号为清。4月，封岳托为成亲王。8月，因被指控包庇莽古尔泰、硕托，以及离间济尔哈朗、豪格，于是众贝勒、亲王议定岳托为死罪。

但是皇太极宽恕了岳托，只是降为贝勒，罢免兵部的职务。没过多久，又重新起用，掌管兵部事务。这次的事件，很可能是权力斗争的产物，只要看被指控后各贝勒的反应就知道了，虽大家都是叔伯兄弟，却想置人于死地。

岳托同他父亲代善一样，因功权过大遭人嫉妒，皇太极也借此削弱他们的实力及离间与他人的关系，一拉一打，将代善父子牢牢控制。

1637年8月，皇太极命令左右两翼八旗军比较射箭，岳托表示不能执弓，皇太极再三劝说，岳托才不情愿地拉弓，但弓堕地多达五次，于是将弓掷出很远。岳托的举动令众人吃惊不小，诸王贝勒纷纷指责岳托骄慢，应当处死，皇太极再次宽恕岳托，降为贝子，罚银5000两。

1638年，皇太极恢复岳托贝勒地位。这年秋天岳托随皇太极出征喀尔喀，可是才至博硕堆，就知扎萨克图汗已逃走，于是无功而返。

8月，岳托伐明，授予岳托扬武大将军，贝勒杜度为副，统帅右翼军；统左翼军的是睿亲王多尔衮。军队进至墙子岭，明兵已经退入堡，在城外布置了三座营寨作为外线的防线。

岳托率军攻克了外围三寨。但是城堡坚固不易攻打，岳托采用了俘兵的建议，分兵正面佯攻，牵制明师，同时从墙子岭东西两边小道进行猛攻，连克11座烽火台。于是左右两翼军深入关内，进行了长达5个月的掠夺。

清军共攻下60余座城，掠夺了无数人口、财物和牲畜。进抵山东，攻下济南。岳托于济南驻扎时染上天花，死于军中。

岳托在战斗中极力使用汉军投降将士，这在当时尚属少见，不过确是一条正途，在此事上又能再次看出岳托的高瞻远瞩。以英年死于军中的确令人惋惜，但他那种鞠躬尽瘁的精神的确很值得尊敬。

1639年，多尔衮率领满载而归的远征军回到盛京，在汇报战绩时，没有岳托的名字。皇太极惊问为何，才知早在济南去世，不仅悲痛万分，辍朝3日，以示哀悼。同时命令不要告知礼亲王代善。

等到岳托灵柩运回，皇太极亲至盛京城外的沙岭遥奠。还宫后，再次辍朝3日。诏封岳托为克勤郡王，赐骆驼五匹、马两匹、白银万两。1688年，清廷为岳托立碑记功。

知识点滴

岳托执掌兵部后，诸事办理妥帖，不仅得到皇太极的亲口赞誉，而且在岳托的操持下，举行了后金国第一次声势浩大的阅兵典礼。

1634年，岳托统领满洲八旗、蒙古两旗、旧汉军一旗共计11旗行营兵，排列成5大阵营，第一序列为汉军炮兵，第二序列为满洲、蒙古旗之步兵，第三序列为满洲、蒙古旗之骑兵，第四序列为守城应援之兵，第五序列为守城炮兵，来接受后金国最高统治者的检阅。

当时，皇太极“驻马浦河冈”，检阅着军容整肃、步伐整齐且绵亘长达20里左右的后金国三军队伍，岳托则以战守纪律指示众军，响炮三声，众军呐喊如之，炮声隆隆，旌旗猎猎，八旗军声威震天。皇太极大悦，特赏所有参加检阅的“每甲士银一两”。

罗洛浑奉旨建造克勤郡王府

岳托共有7个儿子，有爵位者5人，克勤郡王世爵共传13世17王，其中3人夺爵。

岳托第一子也就是第二代克勤郡王罗洛浑，初封贝勒，1644年受封衍禧郡王，在1646年与肃亲王豪格征四川时去世，罗洛浑的长子罗科铎于同年袭爵，于1651年改封为平郡王，至1778年，为纪念岳托的功绩，恢复克勤郡王号。1888年加亲王衔。

清入关以后，罗洛浑奉旨在宣武门内石驸马大街建造王府。王府造得巍峨而精致，有三进庭院、正殿、配房，还有后花园。

现在，石驸马大街已更名为西城区新文化街，克勤郡王府就位于西口路北。这所顺治年间所建的府邸原占地面积不大，规模远不如礼、郑诸王府。

从《乾隆京城全图》可以看到，克勤郡王府平面布局与王府规制尚符，正殿阔5间，前出丹墀，左右配殿阔5间，后殿面阔3间，后罩正房面阔7间。由于地处石驸马胡同，有人认为是沿用明代有功勋的皇亲国戚的旧宅，或石驸马府改建。

克勤郡王府是清廷封给岳托后人的三处府邸之一，规模是最大的，东与罗科铎第三子诺尼的贝勒府相邻。克勤郡王的后代习惯把西边的平郡王府称为“西府”，把东边诺尼的贝勒府称为“东府”。

西府的面积比其他铁帽王府要小，但布局紧凑合理，建筑精致。中轴线上建有大影壁、府门、银安殿、东西翼楼、后罩楼等建筑。

西路前后还有三进院落。东路则由五个大小院落组成，有茶房、大小书房、祠堂、花房等，还有护卫、太监、奶妈居住的房屋等。

克勤郡王家族好金石收藏，秦汉青铜器、汉唐碑碣石刻拓本、石画、字帖和古玉、陶片最多，室内陈设都是古玩字画。当时的克勤郡王书法巧妙绝伦，闻名朝野于一时。

但到了20世纪初，最后一代克勤郡王晏森将王府售给了熊希龄为住宅。而晏森自己则搬到了宗帽胡同居住。

知识点滴

21世纪初，克勤郡王府修葺一新，恢复昔日风貌。府路南影壁尚存，府前部只存东翼楼。后部的内门、后寝与东西配房、后罩房均保存完整。西部跨院也存大部原有建筑。

克勤郡王府原来被用作石驸马二小的校园，王府的修葺完工以后，石驸马二小便更名为第二实验小学。昔日的王府里，传出朗朗的读书声，古色古香的教室里都装有现代化的空调等设施。

克勤郡王府的大门，青砖对缝，鲜红的油漆彩画非常耀眼，工程基本复原了王府的旧日景象，阳光在仿古的屋脊上留下斑驳的树影，时光流逝，人物全非。

恭王府

恭王府坐落于北京什刹海畔，它历经了大清王朝乾隆、嘉庆、道光、咸丰、同治、光绪、宣统七代皇帝的统治。

这座王府如一面镜子，见证了清王朝由盛而衰的历史进程，承载了极其丰富的历史文化信息，故有了“一座恭王府，半部清代史”的说法。

由和珅府邸到恭王府的变迁

恭王府坐落于北京内城前海西街17号，左依什刹海，背靠后海，整个府邸总计占地约5.3万平方米，相当于中山公园的一半，因它的清代最后一位府主恭忠亲王奕訢而得名。

目前府邸内，和珅宅第时期代表性的建筑主要有两处：一个是

“嘉乐堂”，是后来府邸中路的最后一进正厅，5开间，大门正上方现悬有“嘉乐堂”匾额，传为乾隆帝御赐和珅的。

另一个是“锡晋斋”，原名“庆宜堂”，源于乾隆所赐“庆颐良辅”匾额。锡晋斋是西路院落最后一进的正厅，7开间，前后出廊，后檐带抱厦5间。正厅的东西北三面是两层的楼，上下安装了雕饰精美的楠木隔段。

虽然恭亲王是这座府邸的最后一任府主，但这座宅院却并不是特地为他新建的。

这所宅院的始建者是清朝乾隆时期权倾朝野的大学士、臭名昭著的大贪官——和珅。和珅出身满洲正红旗，钮祜禄氏，没有文韬武略，但却十分善于言辞，深受乾隆皇帝的宠信，历任御前侍卫、正蓝旗满洲副都统、太子太保、军机大臣、御前大臣、议政大臣、户部尚书、领侍卫内大臣、镶蓝旗满洲都统、四库馆正总裁、大学士等职，

并被封为一等忠襄公。

甚至，乾隆皇帝还将自己最宠爱的的十公主固伦和孝公主赐婚给和珅的儿子丰绅殷德。和珅用他聚敛的大量钱财修建了府第，无论是在规模上还是豪华程度上都不亚于后来的恭王府。

如今，恭王府中的“锡晋斋”“葆光室”“嘉乐堂”等建筑据说就是和珅时期留下的。

和珅死后，这座府第被一分为二，一部分仍由和珅的儿子丰绅殷德与和孝公主居住，另一部分则被赐给了嘉庆皇帝的兄弟庆郡王永璘。

永璘是乾隆的第十七子，他对和珅的宅邸心仪已久。据说在做皇子的时候，诸王兄弟聚会，说到和珅都十分痛恨，纷纷表示今后要将其绳之以法，只有永璘说：我没有什么大的志向，只希望日后分府的时候能够得到和珅的宅子我就心满意足了。一位皇子竟将得到和珅的宅邸当作自己的最大愿望，足以说明此宅的华贵。嘉庆皇帝登基后，扳倒了和珅，果然将其府邸赏给了永磷。

在永璘住进去之前，内务府按照郡王府的规制进行了改建。由于府内还居住乾隆最小的女儿固伦和孝公主和只准在京闲住的散秩大臣、额驸丰绅殷德，庆王永璘只能占用一半或一多半作为府邸。这样，这座宅第也就因此一分为二，西为庆亲王府，东为公主府。

1823年和孝公主死去，整座府邸才全归了庆亲王府。而丰绅殷德已于1815年死去，这时永璘已经死去3年多了。

按照清制，除世袭罔替的王外，亲王、郡王需递降等级承袭，当世袭递降到与原封爵所赏赐的府邸不相符合时，皇家如果需要，可以收回原来府邸，根据现有封爵另行赏赐。而永璘于1820年临终前才得亲王称号。

永璘病卒后，其子绵慜降袭郡王。1836年，绵慜卒，继子奕綵袭

郡王爵。但他于1842年以服中纳妾被交宗人府议处，其向宗人府官员行贿之事又被道光皇帝知道了，而被革爵退回本支。以永璘第五子镇国公绵悌奉永璘祀，后又生事，降至镇国将军。

1849年，绵悌卒，以永璘第六子绵性之子奕劻为后，承袭辅国将军。辅国将军级的奕劻已不适合住在原来的庆郡王府内，于是，他遵照内务府的安排，迁往定阜大街原大学士琦善的空闲宅第中。

1851年，咸丰帝封同父异母弟奕訢为恭亲王，同年，将辅国将军奕劻的府邸赏给奕訢居住。1852年，奕訢迁入府邸。奕訢在迁入府邸之前，内务府在原庆郡王府的基础上进行了整修，以便更符合亲王规制。

府邸的中路轴线上有两进宫门，一宫门，即王府的大门，3开间，前有石狮一对。二宫门5开间，二门内就是中路正殿及东西配殿，这是王府最主要的建筑，只有逢重大节日、重大事件时方才打开。由于府主的一次不慎失火，目前正殿和东西配殿现已无存。其后为5开间硬山顶前出廊的后殿及东西配殿，后殿即为“嘉乐堂”。

东路轴线上后来只剩下两进院落，正房和配房都是五开间硬山灰筒瓦顶，头进正厅名为“多福轩”，用小五架梁式的明代建筑风格，是奕訢会客的地方；后进正厅名为“乐道堂”，是奕訢的起居处。

西路建筑小巧精致，中进院正厅5开间，名为“葆光室”，两旁各有耳房3间，配房5间；后进院正厅即是“锡晋斋”，东西配房各5间，东房名为“乐古斋”，西房名为“尔尔斋”。

在葆光室和锡晋斋之间，为“天香庭院”。再往后，便是收三路院落为尽头的后罩楼。后罩楼高两层，呈门型，东部为“瞻霁楼”，西部为“宝约楼”，东西贯连100多间房屋。

恭王府花园名叫萃锦园，正门坐落在花园的中轴线上，是一座具有西洋建筑风格的汉白玉石拱门，名为“西洋门”。门额石刻外为“静含太古”，内为“秀挹恒春”。门内左右都有青石假山。

正对着门耸立的是一长型太湖石，谓为“独乐峰”，其后为一蝙蝠型水池，称“蝠池”，“蝠”通福也。园内也基本分作东、中、西三路。

和珅自称是万福之人，因此特别中意“福”字，蝙蝠就是取“福”字的意思了。据不完全统计，恭王府内有9999只蝙蝠样式的雕

刻和装饰，建于石山上的蝠厅更像一只展翅的蝙蝠，中厅像蝙蝠的身子，侧厅像蝙蝠的翅膀。

中路轴线上在“蝠池”之后就是一座5开间的正厅，名为“安善堂”，东西配房各3间，东配房为“明道堂”，西配房为“棣花轩”。

安善堂后为众多太湖石形成的假山，山下有洞，名曰“秘云洞”，恭王府的“福”字碑为康熙御笔之宝，就隐于秘云洞中。

“福”字碑，高约1米，谓之“洞天福地”，纵观康熙皇帝亲笔所书的这个“福”字刚劲有力，颇具气势，右上角的笔画像个“多”字，下边为“田”，而左偏旁极似“子”和“才”字，右偏旁像个“寿”字，故整个“福”字又可分解为“多田多子多才多寿多福”，巧妙地扩展了福字的含义，极富艺术性，且意味深长。更为珍贵的是碑的右上方，刻有康熙的玉玺以镇福，因此，此“福”字被誉为“天下第一福”。

关于“福”字有个传说，说康熙为了给母亲治病，写了个“福”字，母亲拿到字后身体日渐恢复。

后来“福”字失踪，在和珅被抄家时，发现被刻在恭王府的石碑上，石碑连着山底，上盖着房子，山呈两条龙的形状，如果把“福”取走，只有把山拆掉，但山上有两条龙，就是说“山倒龙倒皇帝倒”。“福”字最终没被取走，永远留在了恭王府中。

假山上有3间敞厅，名为“邀月台”。中路最后有正厅5间，其状如蝙蝠之两翼，谓为“蝠厅”。

东路第一进院落有垂花门，门的右前方有亭，是为“流杯亭”。垂花门内有东房8间和西房3间，院北即为“大戏楼”。

西路最前面有一段20多米左右的城墙，其门称“榆关”。榆关内有3间敞厅，名为“秋水山房”，东面的假山上有方亭一座，名为“妙香亭”，西侧有西房3间，名为“益智斋”。

榆关正北有方形大水池，池心有水座3间，名为“观鱼台”。池北有5开间卷房，名曰“澄怀撷秀”，其东耳房为“韬华馆”，西耳房已不存。

恭王府在鼎盛时期，府中除了王爷和王族成员以及法定官员外，还有众多的差役、管事。分别为：佐领处20多人，管理领取、发放钱粮等事。每季要到禄米仓去领取王爷禄米700余担，每担150斤，一年合

42万斤，并发放用人工资，每人最多不超过五两银子。

随侍处十余人，管理府内日常杂事，此外就是接迎王爷。王爷外出，他们穿上官服，在府门外排班跪送。王爷回府时，站在大门外排班迎接。见到王爷的乘轿或骑马到了，齐声高喊：“爷回来了”。

外账房10多人，管理对外开支。此外，还有档子房、回事处、煤炭房、内茶房、大厨房、书房、后花园、马圈等，每处都有用人和役工。府内还有太监30多人和为数众多的丫鬟、婢女、奶妈等。

这样庞大的王府，开支自然是惊人的，如果仅靠朝廷给王爷的俸禄自然是不够的。王府主要经济来源是地租。

恭王府在关内共有土地约4.7万公顷，分布在直隶省即后来河北省的200多个县内。在关外有4个大庄园，每个庄园有地数千顷，共计万余顷。这些土地除一部分是皇帝赏赐外，其余大多是王府逐年添置的。

王府设有庄园处来专门管理王府所拥有的土地，每年收租一次。王府收租在八月节之后，庄园处20多人全要下去外，还要从内账房、外账房、管事处、回事处抽人，每次收租人员达100多人。

这些人分头到各县，先给县官送一份礼物，由县里限期交款。恭王府每年的地租收入大约是18万元现洋。

恭王府的主人奕訢，是道光帝六子，咸丰帝异母弟。他是咸丰、同治、光绪三朝的名王重臣，洋务运动的领导者，为中国近代工业创始和中国教育的进步作出了贡献。

奕訢是晚清新式外交的开拓者，建议并创办了中国第一个正式外交机关，即总理各国事务衙门，使清朝外交开始步入了正轨并打开了

新局面。他积极出谋献策镇压太平天国起义，挽救清朝危局，迎来同治中兴。

然而奕訢命运坎坷，他支持慈禧太后北京政变，得到了委以重任的报答，但随即而至的是慈禧太后的不安和打击。后期他在统治集团内部浮浮沉沉，意志消沉，无所建树。

1851年，奕訢封恭亲王。1853年在军机处行走。1854年，连封都统、右宗正、宗令。

1855年其母孝静成皇后去世，奕訢为其母争封号，被免去军机大臣、宗令、都统的职位，1857年才恢复他的都统职位，1859年又被授内大臣。

1860年，英法联军进攻北京，咸丰帝逃往承德，奕訢临危受命，担任议和大臣。9月15、16两日，奕訢分别与英使、法使签订《中英北京条约》与《中法北京条约》，挽救了清王朝的命运。

奕訢主持议和以及进行的大量的善后事宜赢得了西方对他的好感，为他以后外交活动创造了条件。在议和期间他笼络户部侍郎文祥、文华殿大学士桂良、总管内务府大臣宝鋆、副都统胜保，形成了一个新的政治集团。这是他通过议和捞到的政治资本。

1860年12月初，奕訢、文祥、桂良上《通筹夷务全局酌拟章程六条折》，分析了各列强国特点，认为太平天国和捻军是心腹之患，英、俄是肢体之患，应以灭内患为先，然后对付俄国和英国。这媚外之策为后来借师助剿，镇压太平天国奠定了理论基础。

根据奕訢自己的观察，他认为外国人并非“性同犬羊”，英国“并不利我土地人民，犹可以信义笼络”。清政府把列强只当作“肢体之患”，认为“可以信义笼络”。

奕訢还提出要成立总理各国事务衙门；设南北口岸管理大臣；添

加各口关税；要求将军督抚办理国外事件互相关照，避免歧误；要求广东、上海各派两名懂外语的人到京以备询问；将各国商情和报纸汇集总理处。

12月10日，总理各国事务衙门设立，成为军机处以外的另一中枢政府机构。自此，清朝有了专门的外事机构，使清代的外交产生重大突破。总理衙门还领导了后来的洋务运动。

咸丰帝去世后，奕訢成为实力派人物。1861年，他协助慈禧太后，发动了辛酉政变，处置了咸丰帝临终前立的8个顾命大臣：载垣、端华、肃顺、景寿、穆荫、匡源、杜翰、焦佑瀛。

其中，怡亲王载垣和郑亲王端华被勒令自尽，大学士肃顺被斩首示众，军机处里原来的顾命大臣穆荫、匡源、杜翰、焦佑瀛全部免职，换成文祥等人，全面控制了中枢机关。

由于奕訢在辛酉政变中的出色表现，他被授予议政王大臣，在军机处担任领班大臣。从咸丰帝授权恭亲王办理与各国换约事宜的上谕同治元年开始，他又身兼宗人府宗令和总管内务府大臣，从而控制皇族事务和宫廷事务大权。他以总理各国事务衙门王大臣的职务主管王朝外交事务，自此总揽清朝内政外交，权势赫赫。

19世纪60年代至90年代，为了求强求富，增强镇压太平天国和抵御外侮的能力，奕訢支持曾国藩、左宗棠、李鸿章等大搞洋务运动，以兴办军事工业为重点，也兴办民办工业，近代工业从此起步。

为了洋务事业，兴办新式学校，派出留学生，促进近代教育事业发展。奕訢奏请两宫皇太后重用曾国藩，与列强极力维持和局，借师助剿，终于镇压了太平天国，赢得了同治中兴，奕訢获得“贤王”美称。

奕訢是洋务派领袖。但他为清流派所鄙视，被呼为“鬼子六”。奕訢支持曾国藩等办洋务，但他又主张削弱地方势力，引起湘淮势力的不满；奕訢办洋务，清廷中倭仁等顽固派不满；由于奕訢权力受限，不能满足列强的要求，列强对他也开始不满。

慈禧太后利用了奕訢，也给予了奕訢巨大权力。但随着奕訢地位高升和声名鹊起，恭亲王奕訢又引起了慈禧太后的不安。于是慈禧太后利用一切机会对他进行打击，使奕訢一直浮浮沉沉。

1865年，编修蔡寿祺弹劾奕訢，说他揽权纳贿，徇私骄盈，太后命令查办，就以“目无君上”之名，免去议政王和其他一切职务。朝中大臣求情，慈禧太后才允许他在内廷行走，并管理总理各国事务衙门，但免去了议政王职务。这是奕訢遭受的第一次打击。

1869年，奕訢支持杀掉慈禧太后亲信安德海，为慈禧太后所恨。

1873年，奕訢劝谏同治帝不要修治圆明园，触怒了慈禧太后。1881年，慈安太后去世，奕訢更为孤立。反复浮沉磨平了奕訢往日的棱角，挫折了他的锐气，遇到大事他提不出应对的策略。

中法战争中，奕訢为首的军机处对于战与和拿不定主意，军队节节败退。1893年，慈禧太后借口奕訢“委靡因循”免去他的一切职务，奕訢集团全班人马被逐出军机处和总理各国事务衙门。

1894年，清廷又起用奕訢为总理衙门大臣，并总理海军，会办军务，内廷行走，但奕訢毫无作为。1898年奕訢病故，终年66岁，谥“忠”。奕訢病逝以后，王爵由奕訢次子载滢之子溥伟为载澂嗣承袭，继续住在府中，其胞弟溥濡携眷住在园中。

清室覆亡后，小恭亲王溥伟于1914年住到青岛开始从事复辟活动。由于开支巨大，年年入不敷出，不得已由溥伟将所绘王府蓝图作抵押，但仍无法偿还巨额债款，府邸部分则全部抵给了教堂。后由有教会背景的辅仁大学用108根金条代偿了全部债务，府邸的产权遂归了辅仁大学。

辅仁大学将府邸部分作为女院，并把后罩楼通向花园的通道砌死，府邸和花园开始分隔开了。“七七事变”后，溥濡也将花园部分地面建筑卖给辅仁大学。

辅仁大学将大戏楼改为小型礼堂，并将花园中的花房和花神庙拆掉，建起了司铎书院楼。自此，花园成了辅仁大学神职人员居住和活动的地方。

知识点滴

新中国成立后，恭王府作为北京艺术师范学院校舍及中国艺术研究院办公和教学地点。1982年被国务院列为全国重点文物保护单位，1982年建立修复管理机构。

1988年6月，恭王府花园部分对外开放。2008年经修复后全部对外开放，恭王府目前是我国首个王府博物馆。

保存最完整的清代王府

恭王府前半部是富丽堂皇的府邸，后半部为幽深秀丽的古典园林。其府邸建筑庄重肃穆，尚朴去华，明廊通脊，气宇轩昂，仅次于帝王居住的宫室。

恭王府府后的萃锦园衔水环山，古树参天，曲廊亭榭，富丽天然；其间景致之变化无常，开合有致，实为我国园林建筑的典范。

恭王府南北长330米，东西宽180米。作为清朝皇族的古建园林，由府邸和花园两部分组成，总占地面积约6万多平方米，其中府邸约3.2万平方米，花园占地2.8万平方米。

恭王府内的建筑分东、中、西三路，由南向北都是以严格的中轴线贯穿着的多三进四合院落组成，布局分明；东路去朴尚华、中路庄严肃穆、西路古朴典雅，三路自成一体又和谐统一。

在这些房屋中既有体现皇家气派和威严的建筑，又有来自民间精巧的建筑和装饰风格，构成了王府文化的最大特点。花园融江南园林与北方建筑格局为一体，汇西洋建筑及我国古典园林建筑为一园。

恭王府既是清代王府建筑的重要代表之一，也是中国传统建筑及造园技艺最成熟时期的重要表现。

王府的正殿，俗称“银安殿”，是王府内举行重要礼节性活动的场所，在殿内中心位置摆放一组屏风和亲王的宝座。与故宫的金銮殿相对应。

最初的银安殿连同东西配殿在内的整个院落于1921年农历正月十五元宵节夜因烧香失火被毁。

银安殿是按照当时严格的清廷建筑规制、王府建筑中的最高规格修复而成的。王府正殿的屋顶覆盖绿色琉璃筒瓦、屋脊上绿色琉璃吻兽，配殿屋顶为灰筒瓦，这是明示亲王的地位。

在古建筑里，门钉只在板门上使用。当初用来提防敌人用火攻城，所以在涿弋上涂满了泥，起防火作用。门钉一般是铜制的。清朝则对门钉的使用有一定的规制。皇家建筑，每扇门的门钉是横竖各九路，一共是九九八十一个钉。

九是阳数之极，象征帝王最高的地位。因为帝王庙是供奉历代帝王的，所以也是横竖九路门钉；王府七路乘七路，但是亲王府七路乘九路；再往下就是五路乘五路。

东路前院正厅名 “多福轩”，此院俗称“藤萝院”。正殿在和珅时期称 “延禧堂”，是和珅之子与公主的居所。恭亲王时期称 “多福轩”，是王府的穿堂客厅，主要用于主人日常接待来客、亲友或前来回禀公事的下属，兼用作存放皇帝送来的礼物。

“多福轩”的匾为咸丰皇帝所题。意为幸福很多的殿堂。殿内正中悬挂“同德延禧”匾额，意在告诫主人：你与皇帝同德才能延禧，“禧”即吉祥如意、福寿绵长之意思。殿内四壁靠近天花板的地方皆悬挂福寿字匾，这些福寿字均写于红色方纸之上呈棱形摆放，一福一寿成对制成匾额。

清代自康熙以后，每年入冬，皇帝都要亲自书写“福”“寿”

字，颁赐给王公大臣和后妃。逢重大生日庆典，还会加赐“寿”字。按惯例，旧年的福寿字斗方不能揭去，而是将新赐的福寿字斗方直接贴在旧的上面，取“增福添寿”之意。

屋梁上有保留下来的乾隆时期的凤和玺彩画，虽然仅残留局部的凤尾图案，却有特殊的价值，它的存在证实了府邸东路曾为公主府。

乐道堂是东路建筑中最大的一处，也是最后一进院落，正房名“乐道堂”。室内梁上至今保存了200多年前清中期包袱锦地彩画和凤凰主题彩画，表明和珅时期这里曾是公主的居所。到了恭亲王时期这里是王爷的居室。现在室内按恭亲王居住时的原样陈列。

“乐道堂”的匾额是道光帝亲笔所书赐给奕訢的，“安身乐道”表达了一位父亲希望儿子称心如意、幸福吉祥的美好心愿。

乐道堂之后的嘉乐堂是和珅时期的堂号，“嘉乐堂”此匾相传是乾隆赐给和珅的。恭亲王时期为“神殿”，即王府举行萨满教祭祀活动的地方。

府邸西路的四合院较中、东路更为精致，主体建筑为葆光室和锡晋斋，此路建筑初为和珅的住所。

葆光室在和珅和庆王时期据推测应为客厅之用，在恭亲王时期，是一处比多福轩更为私密的客厅，能来这里的应该都是王爷的至亲好友。1852年，咸丰帝陪奕訢的生母前来探望恭亲王的新府时，在此停留并题写了“葆光室”“多福轩”匾额。

锡晋斋是府邸西路的最后一进院落，因为“天香庭院”的匾额而得名，“天香庭院”为慎郡王所题，院内正房锡晋斋不仅是恭王府建筑中的精品之作，其精美程度在整个京城的清代居室建筑中也是数一数二的。

锡晋斋面阔7开间，前后出廊，后檐带5间歇山顶抱厦，平面成“凸”字形。内部正中的3开间是敞厅，而东西北三面都有两层仙楼，上下安装了雕饰精美的楠木隔断，名贵的金丝楠木千年不朽，高超的木雕工艺精美绝伦。

殿内铺地为清代故宫都不多见的方块花斑子母石。天花板高达屋梁下，为海墁天花，色彩艳丽。柱础为覆莲柱础，雕刻之精美为恭王府所仅见。

据说，当时和珅特意买通太监去查看故宫的建筑，然后命令工匠完全仿造故宫宁寿宫的格局施工，屋内隔断用金丝楠木打造。

金丝楠，是非常珍贵的优质良材，而其生长旺盛的黄金阶段需要60 年。由于木材的光泽很强，即使不上漆，也越用越亮。其清香千年不散，其材质千年不腐，虫蚁不侵。纹理顺而不易变形，所以名列硬木之外的白木之首，其价值也在一些硬木之上。

历史上金丝楠木专用于皇家宫殿、少数寺庙建筑和家具，古代帝王龙椅宝座都要选用优质楠木制作。

恭王府花园又名锦翠园，园内布局、设计具有较高的艺术水平。造园模仿皇宫内的宁寿宫。全园以“山”字形假山拱抱，东、南、西面均堆土累石为山，中路又以房山石堆砌洞壑，手法颇高。山顶平台，成为全园最高点。居高临下，可观全园景色。

恭王府的“三绝一宝”是最著名的景点，园内的“罩楼”是恭王府的第一绝，所谓“绝”，是指其长度为各清代王府建筑规制中后罩楼之最，且楼的后沿墙上层有形状各异的砖雕什锦窗44扇。

罩楼为两层，每层45间，两层共计90间，拐角处有10多间未计在内，全长150多米，是国内王府类建筑最长的楼，被形容为“九十九间半”。“九十九间半”一说取紫禁城9999间的尾数，另说“谦受溢、满招损”，百为满。

后檐墙上每间上下两层各开一扇窗，下为长方形，二层的窗户形式各异，竟然没有一扇是相同的，有圆形、方形、石榴形、卷书形、磬形、鱼形、蝙蝠形，等等，寓“福庆有余”之意，人称“什锦窗”。

据说罩楼是和珅的仓库，称“藏宝楼”，当年内藏金银财宝、珍珠玉器、绫罗绸缎不计其数。在乾隆皇帝死后嘉庆皇帝降旨，逮捕和珅，宣布和珅二十大罪状。抄得和珅的财产有多少，有不同的版本，不同抄家的清单，最多的记录抄没他的全部家产约有10亿两白银。当时清政府一年的总收入才7000万两白银，相当于十多年的国库收入之和。

和珅的家产比同时期法国国王路易十四多40多倍，是当时当之无愧的首富。当时流传“和珅跌倒，嘉庆吃饱”。

恭王府花园的正门西洋门就是第二绝，造型采用舒展流畅的西洋风格，是建筑中的精品。它仿圆明园的大法海圆门制，由于圆明园已在1860年时被英法联军烧毁，所以这道门是流传至今保存最完好的汉

白玉石拱门，因为两边的转花纹和花窗很有西洋建筑的味道，所以叫西洋门。

西洋门是恭亲王奕訢时期建，恭亲王奕訢是洋务运动的倡导者之一，他希望通过学习西方国家先进技术来拯救清王朝。门额石刻外为“静含太古”，内为“秀邑恒春”，取喧闹中存太古之幽静，满园秀色永为春的意境，是主人建园的指导思想。

进门迎面而来的是一块巨大的太湖石，名“独乐峰”，传为恭亲王奕訢离园时所刻。这块秀丽的巨石高5米，不但点缀了园内景色，又起到了我国传统的住宅建筑中“影壁”的作用，当风水，使福气不出浊气不入。

抬头仰望，只见“乐峰”二字，而“独”字隐于石的顶端，这种方法耐人回味。“独乐峰”由于多年风化已经形成一种自然美，像软水漩涡，像淡云舒卷，古朴典雅而又富有诗情画意。

据说此石为和珅在南方所见，因其正面看像鱼，而背面看像送子观音。当时和珅膝下无子，于是将此石立于园中，不久便得了儿子。

绕过“独乐峰”这块大石，视野豁然开朗，正中有一凹字形的水池，因形似蝙蝠名为“蝠池”，“蝠”与“福”同音，有祈福的寓意。池四周种植榆树，又叫“摇钱树”。每年春末，榆钱纷落蝠池，寓意“福财满池”。“福”和“财”共佑主人吉祥富贵。为了福财不外流，所以蝠池的水为死水。

蝙蝠是和珅最喜欢的动物，所以王府的墙壁上、栏杆上、花园里、屋顶上……到处都雕刻着或描画着蝙蝠。

旁边的小桥原为木桥，似虹卧波，横跨于园中小河与蝠池，冬季曾有豢养的仙鹤伫立其上，就木取暖。

过了桥就是主人接待外宾的地方，叫安善堂。中路上的正房均应为南房，在此却为北房。因为有句话叫“前出廊后出厦”，“前出廊”是指前有走廊，“后出厦”是指和房子连在一起的一面连房三面抱柱的亭子。此房正面朝北，正对着康熙的福字碑，以表尊敬。

流杯亭，又名沁秋亭，是主人约文人雅士们饮酒的地方。流杯亭取东晋大书法家王羲之的《兰亭集序》中“曲水

流觞，修禊赏乐”之意，“曲水”是指亭内青石地面上刻有约10厘米宽的弯弯曲曲的流水渠道，水源就是假山后的二龙戏珠古井，“觞”是古人喝酒用的四角酒杯。

地上的水渠东西看像流水的水字，南北看像长寿的寿字，取水常流寿常有之意，故也叫水寿亭。主人坐北朝南是正座，他脚下是收水口，也叫收财口，水不能停也不能浪费，要顺着地下的管道一直流到刚才看到的聚宝盆蝠池里，肥水不流外人田。

流杯亭的说法也是有来由的。据说，和珅和每次约请好友到此饮酒，酒酣之时，就要吟诗作对，酒杯漂流到谁的面前停下，谁就必须作诗，不能作诗的人，就要被罚酒。可以想象，当年的和珅也算是一个风雅之士。

还有人说，流水出口的位置坐北朝南，主人和珅就坐在这里。过

小寿的时候，杯子停到哪位客人跟前，客人就把备好的礼单放在杯中，最后杯子漂到和珅跟前，和珅在出水处坐收财礼。

亭内外装饰彩画，画面逼真，有虎虎生威、赶快归来图，北面是《二十四孝》中的小故事。亭子旁边是矮竹篱隔的一块菜地，称艺蔬圃，是当年和珅仿皇上“亲耕”的地方。过去八旗子弟有朝廷的俸禄，不事劳作，所以皇帝给大家做一个表率。

菜园的北侧是一处设计精巧的中式小院怡神所，院正中是一道垂花门，雕刻得极为精细，两边短柱像倒垂的花苞要迎风怒放，整个门像佛祖戴的毗卢帽，是等级最高的“毗卢帽式”垂花门，只有皇家专用，所以后来成了和珅逾制的罪证。门前东边两棵珍贵的龙爪槐据说有三五百年了。

进入垂花门，小院布局严谨，西厅为“明道斋”，曾挂康熙所书“怡神所”匾，东为香雪坞，是女主人的休息处，有许多翠竹，相传

这就是《红楼梦》潇湘馆的原型。

再往里是牡丹院，院内种有牡丹和紫藤萝架，牡丹是花中之王富贵的象征，而紫藤花开一串一串的，象征子孙兴旺。

院子北边就是著名的大戏楼，是恭王府的第三绝。建于同治年间，是恭亲王及其亲友看戏的场所。建筑面积685平方米，可容纳200多人，高大宏伟，气势不凡。

戏楼内厅堂很高大，分3部分，一是戏台、后台；二是中厅，亲朋好友坐的地方；三是后包厢，主人、女眷、贵宾坐的地方。

戏楼的音响效果非常好，处在大堂最边远的贵宾席，戏台上的唱词也听得清清楚楚，这在设计上确实到了绝妙的境地，传说舞台下有9口大缸，排成V字形，起到了拢音和扩音的作用，俗称土音响。

恭亲王营造这样一座大戏台，可谓煞费苦心，单看台上的匾额就与众不同：中间的巨匾写的是“赏心乐事”，两侧的上场门和下场门上写的是“始作”和“已成”。

园内的长廊像一条纽带衔接山水，有机地把各处的建筑物串联在一起，构成一个整体，而且还能遮日避雨。园内的抄手长廊的特点是窄，又叫做瘦，取意长长寿寿，叫长寿廊。在王府中的长廊可以看到檐上有两排小方块是椽子，上层的彩绘是佛教万字，下层的彩绘是蝙蝠，连起来就是万福。

园中路的最后一座建筑，原名“云林书屋”，又名“寒玉堂”，因其形状像展翅飞翔的蝙蝠，故名“蝠厅”，也是出于祈福的用意。正厅5间，硬山卷棚顶，前后各出3间歇山顶抱厦。正厅两侧，各接出3

间折曲的耳房。蝠厅的梁檐柱凳都是彩绘上的斑竹，笔功精作，以假乱真，寓意主人官位“节节高升”。听说该建筑的造型和彩绘斑竹在古建筑中只此一例。由于此建筑构成一个蝠形平面，因此有人说“此厅自早至暮皆有日照”。

蝠厅的特点是从早至晚每个房间都有充足的光线，环廊建在四周又使外面的阳光不会直射到房间内。过去是主人的书房和密室，内挂“寒玉堂”匾，溥心畬夫妻曾住蝠厅。

和珅府邸的最高处叫“邀月台”。山上有3间敞厅，过去这上面也有两根大大的紫藤，绿绿的叶子遮天蔽日，又称作绿天小隐。这也是和珅家最高的一只“蝙蝠”。站在那里就可以发现这座府邸有老北京四合院的建筑特色。

恭王府总体分为三大部分，东路以大戏楼为主要建筑，西路则以方塘水榭为主要建筑，最重要的建筑都集中在中路，比如：西洋门、独乐峰、蝠池、安善堂、蝠厅、福字碑，前有蝠池，后有蝠厅，取福福相印之意。

恭王府花园的假山是用许多太湖石和糯米浆砌筑成的，非常坚固。过去每天会有人担水倒在两边的两口水缸里，缸底有小洞，水慢慢浸入石头，湖石吸水，长年累月就长出一层绿绿的苔，青翠欲滴，所以叫滴翠岩。不仅美观，还起到了降温、增加院中的湿度的作用。

石头下面有一个十几米的小山洞，传说洞中藏有仙云，叫秘云洞。洞正中是恭王府内第三绝即镇府之宝“康熙御笔福字碑”，取意为“洞天福地”。

恭王府的西路建筑以水为主，中心是方塘水榭，约有2000平方米，中间是一个方形小岛，岛上是湖心亭，又叫观鱼台、诗画舫，取自庄子濠上观鱼之乐的典故，是主人泛舟垂钓赏鱼的地方。

“一池绿水逐浪，回廊树影交相辉映”，同时也是和珅二十条死

罪之一，因为当年公主、皇爷的府邸要引水入园，必须得到皇上特旨钦赐。而和珅在乾隆年间，未经皇上同意，就私自引水入园。

南端的两山之间有一段城堡式的墙，墙顶砌成雉堞状，墙心辟券洞，券洞北面嵌石额，上刻榆关。

当年，清代皇帝就是从榆关入关，在园中设此足以表示主人不忘记清祖从山海关入主中原的丰功伟绩。是最早的立交桥，用的是我国传统园林中典型的“移天缩地在君怀”的艺术手法。

妙香亭是一个像慈禧礼帽的亭子，原来周围种满丁香花，花开时芳香四溢，故得名妙香亭。它为木质结构海棠式方亭，两层12根柱，底为八角形，上为莲花形平顶，上圆下方代表天圆地方天地人间，全国少有。恭亲王奕訢之孙溥儒常在此写诗作画。

附近靠山的亭子叫秋水山房，是王府主人练功的地方。据说在恭亲王时代，秋水山房雕之上绘满蝙蝠图案的油漆苏彩画；而靠南的墙上，则彩画着巨幅的萃锦园全景图，蔚为壮观。

王府的西北边是“龙王庙”，该庙建筑十分精巧，内供龙王坐像。房前有一口古水井。“龙王庙”的建筑充分显示府主人的独具匠心。龙是驭水的，花园中罗织着庞大的水系，整座恭王府蕴含着五行中水的意象。

榆关城墙上还有一座更小巧的门楼式“山神庙”，据说是祭“四神”的，即四种动物：刺猬、黄鼠狼、蛇、狐狸。传说这四种动物自古就经常出没于府园之中，府中历代主人都敬之如神，待之如宾，每当府中有人生病或遇不测时，在庙前跪拜烧香或上供品，以求四神助其病除和平安。

从以上建筑可以看出恭王府花园全园的地形起伏不大，游廊也少曲折，显现出过于追求居住、游宴的生活排场，而缺少曲折变幻、移情换景的园林气息。这原是北京王府花园的共性，不过恭王府花园更加突出，因而更具有王府花园的代表性。在建筑风格上，以庭院式组合，全部“小式做法”建造。

在园林小品表现手法上，

园林甬路曲折掩映，景随步移，步步有景。它集北方建筑与江南造园技艺为一体，又具有北方私家园林的独特风格，在清代诸多王府中是少有的。

知识点滴

“月牙河绕宅如龙蟠，西山远望如虎踞。”这是史书上对恭王府的描述。就其选址而言，它占据京城绝佳的位置。

古人修宅建园很注重风水，北京据说有两条龙脉，一是土龙，即故宫的龙脉；二是水龙，指后海和北海一线，而恭王府正好在后海和北海之间的连接线上，即龙脉上，因此风水非常好。

古人以水为财，在恭王府内“处处见水”，最大的湖心亭的水，是从玉泉湖引进来的，而且只内入不外流，因此更符合风水学敛财的说法。

醇亲王府

醇亲王府位于北京后海北沿。前身是清初大学士明珠的宅第。1789年，乾隆封其十一子永瑆为成亲王，并将明珠府赐永瑆。随即按王府规制改建。此府传至第六代成亲王毓橚时，被赐予醇亲王奕譞。

奕譞的原王府在西城区太平湖东里。因光绪帝生于此府，成为潜龙邸，故光绪继位后醇王必须迁出。为加以区别，在太平湖的原王府称南府，后海北沿的新王府称北府。

诞生光绪帝的醇亲王南府

醇亲王南府位于现北京太平湖东里。说起这座南府的历史可真是悠长，清朝初年，此处为“八大铁帽子王之一”的克勤郡王岳托第三

子、贝勒喀尔楚珲的宅第。至1859年，咸丰帝将其赐给了赫赫有名的醇亲王奕譞。奕譞是道光皇帝的第七个儿子，出生在紫禁城内，从小就以皇七子的身份住在皇宫，被称为“七王爷”。他是慈禧亲自选定的妹夫，结婚以后就搬到此府居住了。

奕譞是光绪皇帝生父。光绪帝登基后，光绪十六年（1891年）奕譞去世，太平湖的醇亲王府前半部改建为醇亲王祠，后半部仍作“潜龙邸”。潜龙邸就是清代的太子如果登基，原来的住所不能成为他人的居所，需挪作他用。著名的雍和宫曾住的就是雍正皇帝。因此，雍和宫也算是北京一个著名的潜龙邸了。

醇亲王南府在民国期间，曾经先后作为中华大学和民国大学的校舍使用。新中国成立后，分给了中央音乐学院和北京三十四中学使用。

清代时北京内城西南角本有一个小湖，名为太平湖，湖水流入王府的水池中。现如今太平湖早已填平。原来，20世纪70年代前后为修路，不仅西南城墙、角楼被相继拆除，太平湖也被填埋。

醇亲王南府坐北朝南，分中路和东、西路及花园。中路原来由南往北依次为府门、宫门、银安殿、启门、神殿、后罩楼。

府门面阔3间，两侧有“八”字影壁，内有东西二门至东西院。中路后来新建了一座礼堂，尚保存二进四合院。东西两路各有六进院落。西侧花园引太平湖水入园，并建有亭台、水榭、船坞等建筑。

1875年，18岁的同治帝得了天花，一命呜呼了。由于同治皇帝没有儿子，大清王朝立时面临没有合适人选继承王位的严重问题。

突然丧子的慈禧根本来不及悲痛，为了继续把持统治大权，这位权欲熏心的皇太后立即宣布：由醇亲王的儿子载湉继承皇位。这就是后来的光绪皇帝。

1875年年初的一个深夜，太平湖畔的醇亲王府突然喧闹异常。门前兵丁林立，仪仗庄严，王公大臣列队恭候；宅内灯火通明，气氛紧张，慌乱的家人把睡梦中的载湉叫醒，匆匆给他穿上从皇宫里送来的龙袍。接着，载湉被人抱上早就停在府门外面的暖轿，这样，载湉就此糊里糊涂地离开了自己的家。

当年慈禧选载湉进宫的时候曾经假惺惺地立下诺言：“一俟皇帝典学有成，即行归政。”身为皇太后，说话总要算话。1889年，光绪皇帝的亲政典礼如期举行。

光绪皇帝并非同治的直系后代，在其出生的时候没人会料到他后来会成为皇帝。由于醇王府成了一代皇帝的“发祥地”，所以，他原先的住所就被称为“潜龙邸”了。

按照清朝成例，在皇帝入宫以后，这住宅必须“升格”为特殊的宫殿或者索性闲置，而不能再由家人居住。所以，在光绪“继承大统”以后，慈禧便把什刹海北岸的一座贝子府赏给光绪皇帝的父亲老醇亲王，也就是后来的醇亲王北府。

在清朝，出了皇帝的王府，就会被改成“潜龙邸”。清政府被推翻以后，“潜龙邸”开始跟学校结下了不解之缘。这里先是成了民国大学的校舍，后改为私立新中中学，之后又成了北京市三十四中，在后来北京电子电器职业高中又跻身王府，紧接着又是燕京职工大学。

随着历史变迁，“潜龙邸”逐渐变得血肉模糊。为扩大使用面积，游廊变成教室，一排排小平房拔地而起。1976年的唐山大地震更是让落毛的凤凰不如鸡，被震塌的屋墙改用红砖头重砌，哪儿坏了再凑合补上。

2006年，当社区学校进驻这里时，一点“潜龙邸”的模样都没有了。后来经过历时一年半的大修，“潜龙邸”才终于恢复了当年

的辉煌。

东、西路建筑采用墨线大点金的彩绘，而最重要的中路则采用和故宫一样最高等级的金线大点金彩绘，共用去金箔数万张。

当大功告成时，装有西城区文委撰写的《醇亲王府南府修缮纪事铭》的“宝匣”被郑重地放置在后罩楼正脊处，作为一种社会财富，为备后人阅览，可以世世代代流传下去。

知识点滴

在我国古代，皇帝被称为真龙天子。按照清朝规定，皇帝从王府内继承帝位，登基前居住的王府要上升为宫殿，称为潜龙邸。北京共有三座潜龙邸，分别是：

位于安定门内的雍和宫——雍正皇帝登基前居住的雍亲王府，也是乾隆皇帝出生地；

位于新文化街西口鲍家街的醇亲王南府——光绪皇帝载湉的出生地；

位于后海北岸的醇亲王北府——宣统皇帝溥仪的出生地。

诞生宣统帝的醇亲王北府

醇亲王北府在康熙年间是大学士纳兰明珠的宅第，其子纳兰性德为清著名诗人，是《红楼梦》研究专家注意的对象。王府中的花园也可能

建造于那时，但面积只有后来花园的东半部分。

到了1790年，纳兰明珠后裔承安得罪了和珅被抄家，据记载他们家有房屋989间。和珅罗织罪名将这座府邸没收后，便成了自己的别墅。

和珅被嘉庆皇帝抄家后，此宅就赐给乾隆第十一子成亲王永瑆，1794年修缮竣工入住。格局与后来的醇亲王北府差不多，最大的改变就是扩展了明珠时代的花园部分，开挖河道、湖泊、假山等，据说纳兰明珠时代的渌水亭就是如今的恩波亭。

成亲王的爵位是世袭递降的，之后，慈禧太后将这座王府赐给了奕譞，赏银10万两修治，还赏银1万两作为原府主贝子毓橚搬迁至西直门内半壁街的费用。

醇亲王奕譞于1888年9月开始整修，务求精致，所费不赀。

第二年正月，10万两银用完后，过于浩大的工程仍未完成，于是慈禧太后又复增银6万两修葺。1889年下半年，修府工程结束后，醇亲王奕

環由老府迁入。

醇亲王北府基本上是复制南府的建筑规格，因为是亲王北府坐北朝南，布局广阔，可以分为中、东、西三路。

中路的宫殿式建筑是主体。由南而北的中轴线上依次建有：临街大门，面阔5间，灰筒瓦歇山顶，门两翼延建有东西角房，月街即后海水面；大宫门，面阔5间，绿琉璃瓦歇山顶；银安殿，面阔5间，绿琉璃瓦歇山顶；小宫门，面阔3间，绿琉藕瓦硬山顶，两侧为面阔5间的东、西耳房；神殿，面阔5间，两翼是东、西朵殿；遗念殿，是面阔9间的2层后罩楼，内供奕環生前衣冠以存后人遗念而名。

东路建筑主要是两组祠堂、佛堂和四进雇工住房，现仅存南大门和最北的5间神厨，东路东墙外的又一组院落为王府的马厩。

西路建筑是王府的住宅部分和日常起居活动的处所，由并排的2组院落组成，西组院落原建有面阔5间的房子。

第一进院子叫宝翰堂，也叫大书房，是王府会客的地方。据说当年孙中山进京，冒着漫天飞雪拜访醇亲王载沣时，会谈地点就在宝翰堂。一个月后，孙中山病逝，载沣在宝翰堂设灵堂祭拜。

第二进院子叫九思堂，是太妃居所。第三进院子叫思谦堂，是王妃住所。其东组院落原建有儿辈读书处的任真堂、溥杰的住处树滋堂、信果堂，此两组院落后为面阔9间的后罩楼。

王府西部为花园，内有箑亭、恩波亭、濠粱乐趣、戏台、乐寿堂、畅襟斋、观花室、听鹂轩、听雨屋及南楼等建筑。抄手游廊为灰筒瓦顶，油漆彩画，恩波亭为六角攒尖顶的亭子。

进入大门以后，左侧是一座假山，在山上面有一座“扇亭”，匾额是醇亲王亲笔题写的，其匾额上正名为“箑亭”。从这里临高而望，可一览后海的旖旎波光。

从扇亭下来北行，竹林掩映间就是抄手游廊，引人到一个六方亭，上有篆书题字“恩波亭”，寓意是“皇恩浩荡”。此亭两面临水，因为

奉旨引玉泉水进园，是京城唯一引用玉泉水的花园，这个亭子就是为了谢恩而建的。所以，这个园里的水都是活水，与北海、后海、故宫的水相通。

还是在纳兰明珠拥有此府邸时，在文坛声名斐然的公子纳兰性德就经常在这里高谈阔论。南楼前有两株二三百年树龄的夜合花树，是纳兰性德亲手栽植。

草坪的北面即是园内的主体古建筑群。其中，前厅“濠梁乐趣”，原址是益寿堂。后厅是畅襟斋，全园中的主房。

东厢房是观花室，西厢房是三卷棚勾连搭的听鹂轩。二层主楼的原址上曾有一座四方古建庭院，三排房舍，同前面提到“益寿堂”“畅襟斋”“观花室”“听鹂轩”都是醇亲王府的原有建筑。

醇亲王北府修好两年之后，奕譞就去世了。之后，奕谖的第五子，

也就是光绪皇帝的胞弟载沣成为第二代醇亲王。1906年，载沣的长子溥仪在北京什刹海边的醇王北府降生。

1908年10月，慈禧太后和光绪皇帝同时病重。在光绪皇帝临死前一天，慈禧太后也行将不起，由于光绪皇帝无后，慈禧太后在中南海召见军机大臣，商量立储人选，军机大臣认为内忧外患之际，当立年长之人。

慈禧太后听后勃然大怒，最后议定，立3岁的溥仪为帝，并让溥仪的亲生父亲载沣任监国摄政王。大臣将此事告知光绪皇帝后，因为溥仪是自己的亲侄子，又让自己的亲弟弟监国，光绪皇帝十分满意。接着，光绪、慈禧在两天中相继死去。

半个月后，溥仪在太和殿即位，由皇后隆裕和载沣摄政。第二年改年号为“宣统”。就这样溥仪登上了大清王朝末代皇帝的宝座。在30多年的时间里，醇亲王府居然接连出了两个皇帝。这一下，“北府”也成了“潜龙邸”。

知识点滴

醇亲王府的第三座府邸也就是监国摄政王府，在“北府”成为宣统帝潜龙邸后，光绪帝的皇后隆裕命人在中海西岸集灵囿地区修建监国摄政王府，有宫门、银安殿、神殿、后罩殿。还有东西两个跨院，共有房屋1500多间。

辛亥革命之时，这座监国摄政王府的工程仍未竣工。袁世凯时期，为国务院，后为总统府，今为国务院办公用地。

由此说来醇王府实在荣耀：两度“潜龙”、一朝摄政、三修府邸，在历史上也算是一件很特殊的事情了。